Sanna Greiff

Microsoft **Visio**

En grön bok för gröngölingar

Med Microsoft Visio kan du skapa visuellt tydliga scheman av olika slag, t ex flödesscheman för att beskriva ett flöde eller en process, organisationsscheman för att beskriva hierarkin i en organisation, och Gantt-scheman där dina inlagda uppgifter inte krockar med varandra. Tidslinjer och planritningar är andra uppskattade funktioner som programmet erbjuder. Bland mycket annat.

Med den här boken lär du dig snabbt grunderna för att skapa ovanstående saker i Visio. Bokens utformande är kortfattat och koncist, vilket innebär att jag i de olika exemplen går igenom *ett* sätt att jobba på, även om alternativen är många. Har du bara lite grundläggande Windows-kunskap så bör du kunna följa mina exempel utan problem.

När du har läst det kortfattade introduktions-avsnittet kan du hoppa på vilket avsnitt du vill eftersom alla avsnitt är fristående. Lätt som en plätt med andra ord.

Mycket nöje!

Förlag: BoD – Books on Demand, Stockholm, Sverige

Tryck: BoD – Books on Demand, Norderstedt, Tyskland

ISBN: 978-91-7699-306-4

Innehåll:

Introduktion

Mallar, stenciler och former

När du startar programmet möts du av en uppsättning *mallkategorier* som du förslags-vis kan utgå ifrån. När du klickar på en kategori dyker det upp ett antal mallar att välja mellan.

Exakt hur det ser ut beror på om du är ansluten till internet eller inte, samt vilken ver-sion av Visio du använder. Bilderna i denna bok är från version 2016, men principen är densamma oavsett version.

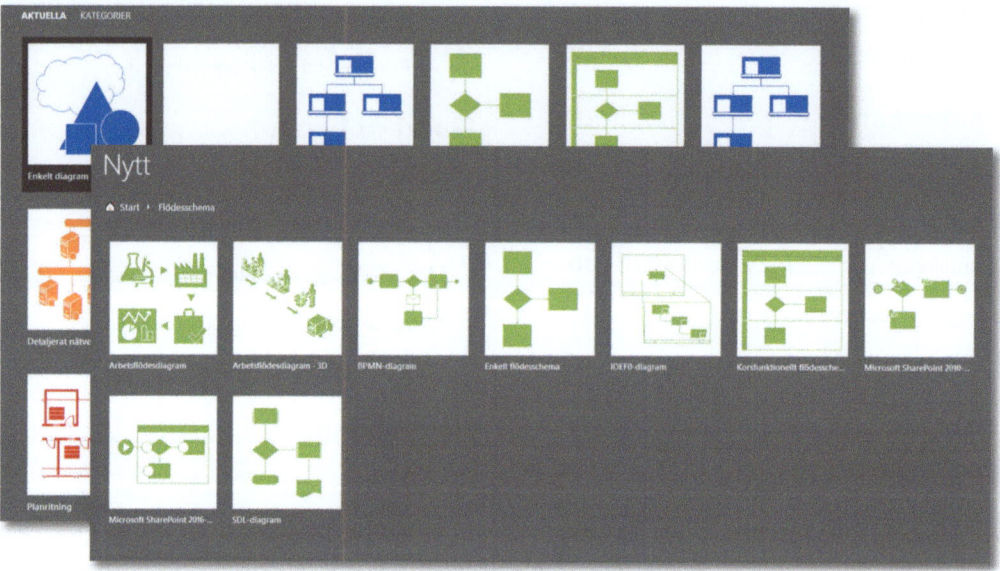

Till varje mall hör en specifik *stencil*, vilken innehåller ett antal *former* som relaterar till den mall du valt. T ex så får du fram stencilen Enkelt flödesschema-former när du väljer att utgå från mallen Enkelt flödesschema.

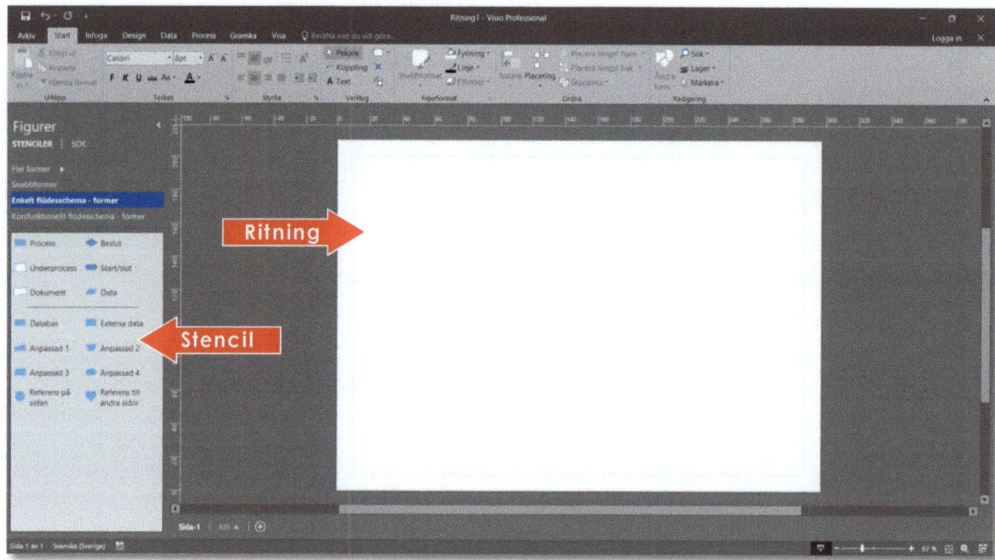

Ritningen

"Dokumentet" i Visio kallas för *ritning* och den kan bestå av en eller flera sidor. Vill du ändra ritningens storlek och orientering (stående/liggande) så gör du enklast det via fliken *Design*.

Om du vill lägga till fler sidor i din ritning så klickar du på plustecknet nedanför ritningen.

Flikarna

Visio har många likheter med Office-programmen vid en första anblick, t ex när det gäller flikarna i övre delen av programfönstret, vilket du kommer in i så fort du valt vilken mall du vill utgå ifrån.

Precis som i Office-programmen så anpassar sig flikarna beroende på vad du jobbar med i programmet. Om du markerar en bild så kommer t ex fliken *Bildverktyg* upp, och den försvinner när du avmarkerar (klickar utanför) bilden.

I Visio dyker det även upp nya flikar beroende på vilken mall du utgår ifrån, t ex så dyker fliken *Organisationsschema* upp om du utgår från mallen Organisationsschema...

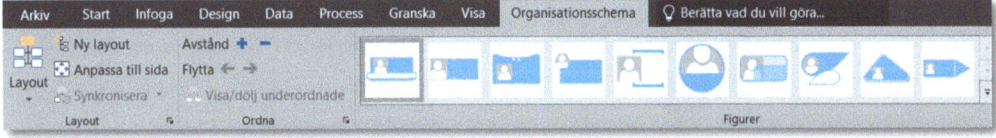

Arkiv-fliken

Här kommer du åt alternativen Öppna, Spara och Skriv ut. Precis som i Office-programmen. Via alternativet Konto kan du ändra Tema om du vill, alltså ändra färg för programfönstret. I version 2016 är förinställningen väldigt ljus, så här brukar jag ändra till mörkgrå.

Olika arbetssätt

Man kommer ofta åt samma valmöjligheter från de specifika flikarna för respektive mall, som man kommer åt från de stenciler som följer med respektive mall, så du kan ofta själv välja hur du vill jobba.

Även högerklick och kortkommandon fungerar för att utföra många saker, men jag går som sagt inte igenom alla sätt i den här boken utan visar de sätt som jag själv föredrar och brukar använda mig av.

Flödesscheman

Ett flödesschema är en grafisk beskrivning av en process. Schemat består av former och kopplingslinjer vars utseende kan variera beroende på vad man vill beskriva. De vanligaste formerna kallas *process, beslut* och *start/slut*.

Process
Beslut
Start/slut

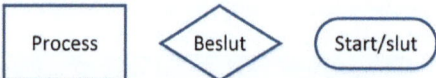

Nedan visas ett enkelt exempel på ett flödesschema. Följ punkterna från nästa sida för att öva på detta.

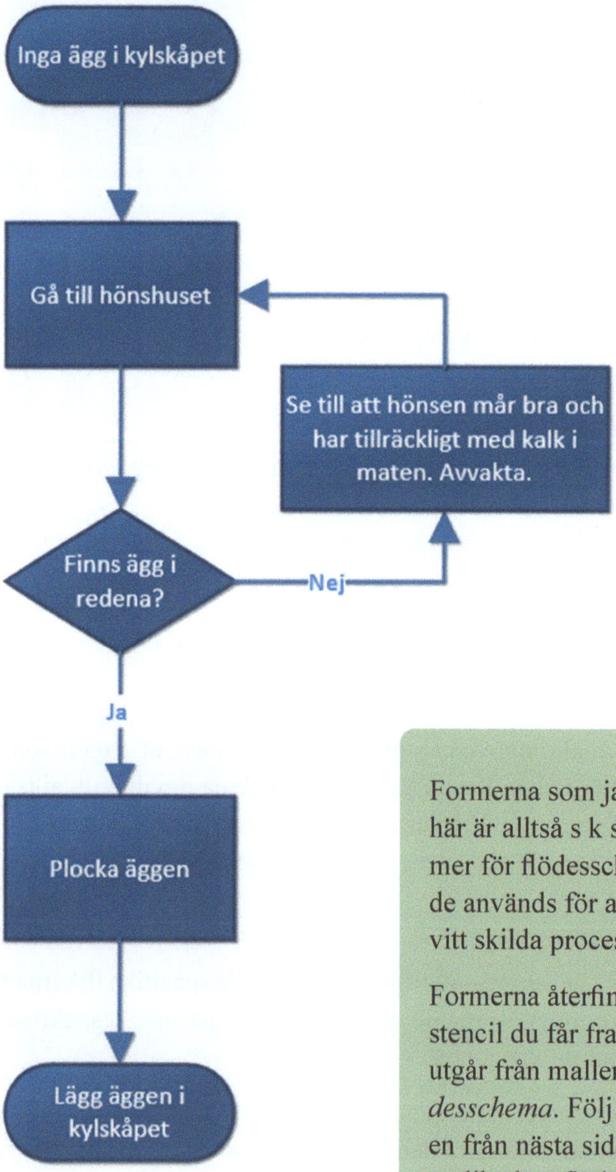
Inga ägg i kylskåpet
Gå till hönshuset
Se till att hönsen mår bra och har tillräckligt med kalk i maten. Avvakta.
Finns ägg i redena?
Nej
Ja
Plocka äggen
Lägg äggen i kylskåpet

Formerna som jag har använt här är alltså s k standardformer för flödesscheman, och de används för att beskriva vitt skilda processer.

Formerna återfinns på den stencil du får fram när du utgår från mallen *Enkelt flödesschema.* Följ beskrivningen från nästa sida för att göra ett likadant flödesschema.

Ny ritning

- Utgå från mallen *Enkelt flödesschema* (*Arkiv - Nytt* om du redan är inne i program-met). Du måste eventuellt klicka på *kategorin* Flödesschema för att hitta mallen. Dubbelklicka på mallen för att starta.

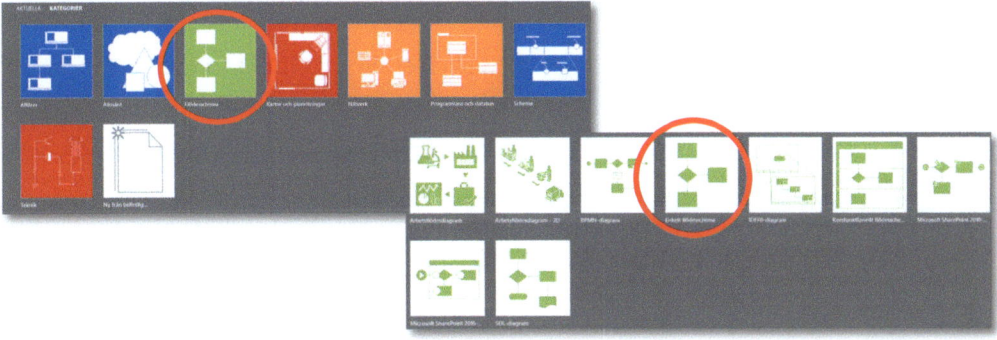

> **Tips!** Om du tycker att programfönstret är för ljust kan du ändra via *Arkiv - Konto - Office-tema*. Jag anänder Office-temat mörkgrå.

Skapa former

- *Dra* in formen *Start/slut* till ritningen. När du har markören över formen dyker fyra små pilar upp med vilka du kan välja fortsättningen på ditt flöde.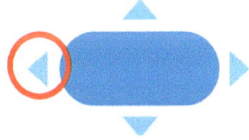

  Om du inte ser några pilar går du till fliken *Visa* och bockar för *Koppla ihop auto-matiskt*.

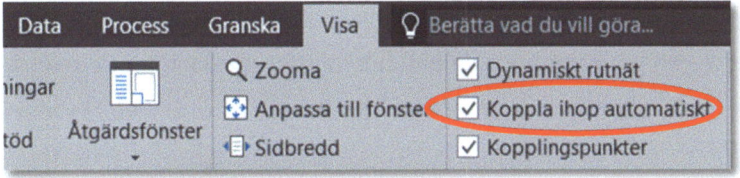

- Ställ markören på den nedre pilen och välj formen *Process* av de fyra alternativen som dyker upp. Att just dessa fyra former dyker upp som snabbval beror på att de ligger *överst* i stencilen Enkelt flödesschema-former, vilket är bra för just den här övningen.

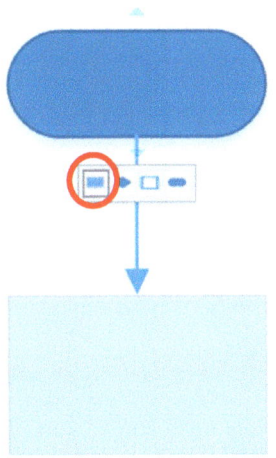

> **Tips!** Om du vill att andra former dyker upp som snabbval så möblerar du enkelt om i stencilen genom genom att dra och släppa former till sten-cilens övre del. Det är alltså de fyra översta formerna som syns i snabbvalet.
>
> | Process | Beslut |
> | Underprocess | Start/slut |
> | Dokument | Data |
> | Databas | Externa data |
> | Anpassad 1 | Anpassad 2 |
> | Anpassad 3 | Anpassad 4 |
> | Referens på sidan | Referens till andra sidor |

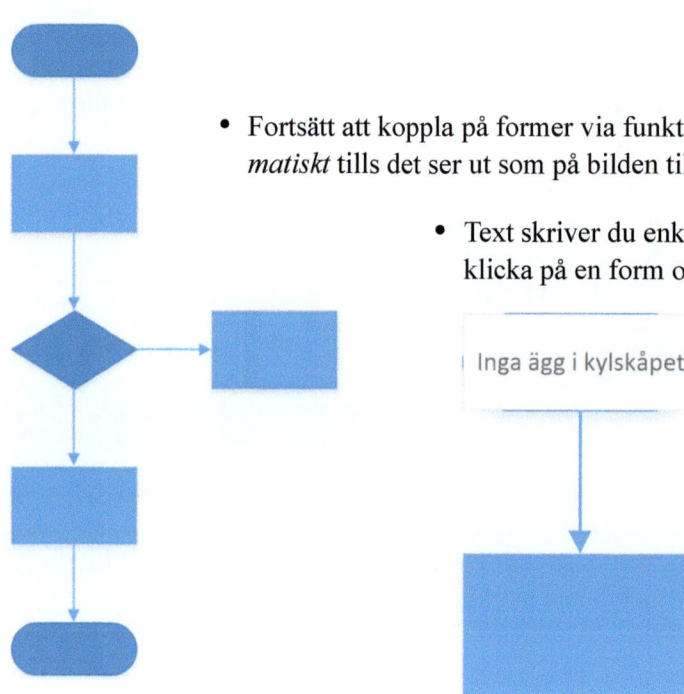

- Fortsätt att koppla på former via funktionen *Koppla ihop automatiskt* tills det ser ut som på bilden till vänster.

  - Text skriver du enkelt in i formerna genom att klicka på en form och skriva.

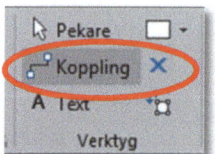

Egna kopplingar

När du själv vill bestämma åt vilket håll en kopplings pil ska peka, och vart i formen den ska fästas, så växlar du till verktyget *koppling* som finns på startfliken. *Pekare* är standardmarkören som du återgår till när du är klar med dina egna kopplingar.

- Aktivera verktyget Koppling och håll ner vänster musknapp och *dra* från *mitten* av formen "Se till att hönsen ..." till mitten av formen "Gå till hönshuset". Klart.

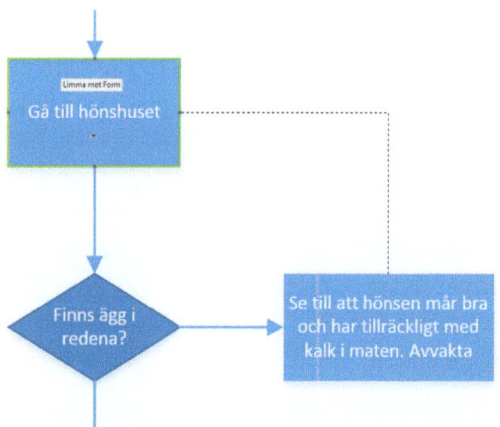

Om du påbörjar din dragning av kopplingen från mitten av en form så blir kopplingen dynamisk, d v s kopplingspunkterna ändras om du flyttar på formen.

När Visio kopplar ihop former med hjälp av *Koppla ihop automatiskt* så blir kopplingen dynamisk.

Om du istället vill ha *fasta* kopplingspunkter så drar du din koppling från en *kopplingspunkt* till en annan. Det är den gröna konturen runt kopplingspunkten eller runt hela formen som indikerar fast respektive dynamisk koppling.

- Dra processformen "Se till att hönsen ..." något uppåt, och konstatera att kopplingarna anpassar sig. För att få kopplingarna att sitta där du vill så drar du enkelt tag i och flyttar dess slutpunkter med pekaren.

- Lägg till texten "Ja" och "Nej" på kopplingarna genom att klicka på dem och skriva.

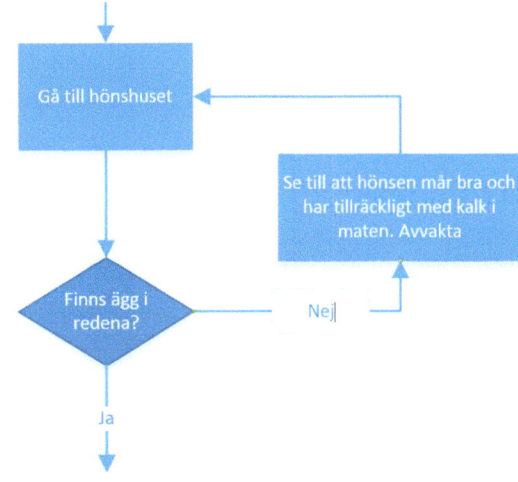

När du flyttar en koppling hänger alltid texten med. Om du vill flytta på texten i *relation* till kopplingen så flyttar du på den lilla gula fyrkanten ☐ som dyker upp när du klickar på texten.

Klart!

Ändra färg och teckensnitt

Om du vill ändra utseendet på dina former, kopplingslinjer och teckensnitt så finns två olika sätt – antingen använder du ett färdigt tema eller så ändrar du manuellt.

Använda tema

Under fliken *Design* kan du snabbt ändra mellan ett antal färdiga *Teman*. Ett tema består av förvald färg, teckensnitt samt eventuell effekt (skugga etc.). Vilka teman som finns beror på i vilken version du jobbar. Du behöver inte markera ditt flödesschema innan du ändrar tema, temat slår igenom på hela sidan ändå.

Via den lilla pilen längst till höger i gruppen Teman kommer du åt ännu fler varianter.

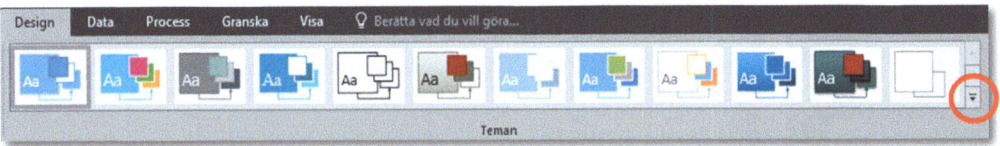

Ändra manuellt

Om du däremot vill ändra manuellt till en specifik färg eller ett specifikt teckensnitt så måste du markera först. I mitt exempel på sid. 8 så har jag RGB-blandningen (rött, grönt, blått) 56, 99, 137 i mina former. På fliken *Start* kan du ändra till valfri färg via knappen *Fyllning*, eller välja mellan färdiga *Figurformat*. Samt teckensnitt.

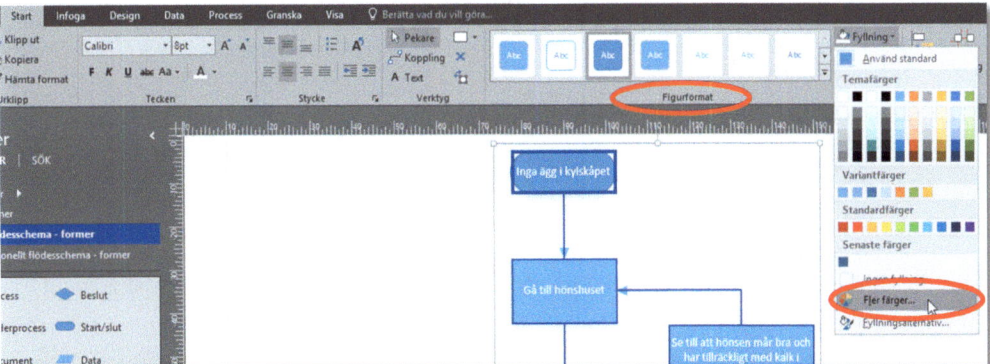

EXTRA EXTRA!

Så – nu vet du hur du gör ett flödesschema. Nedan följer en kort introduktion till Korsfunktionella flödesscheman för dig som eventuellt är intresserad av det.

Korsfunktionellt flödesschema

Ett korsfunktionellt flödesschema kan t ex se ut så här:

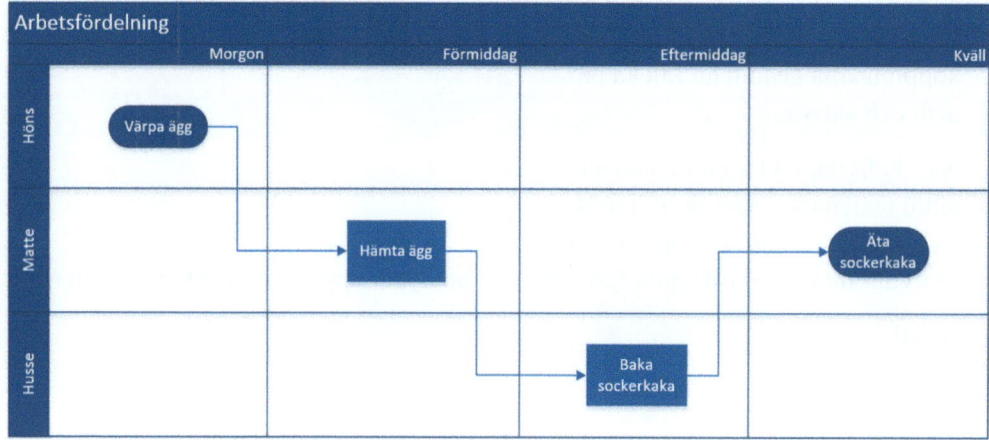

Till skillnad från ett "vanligt" flödesschema så finns här rader (s k simbanor) och kolumner (gjorda med s k avgränsare) för att t ex förtydliga vem som ansvarar för vad och när det ska inträffa.

Om du utgår från mallen *Korsfunktionellt flödesschema* så får du direkt fram en "grund" med tillhörande stencil och flik.

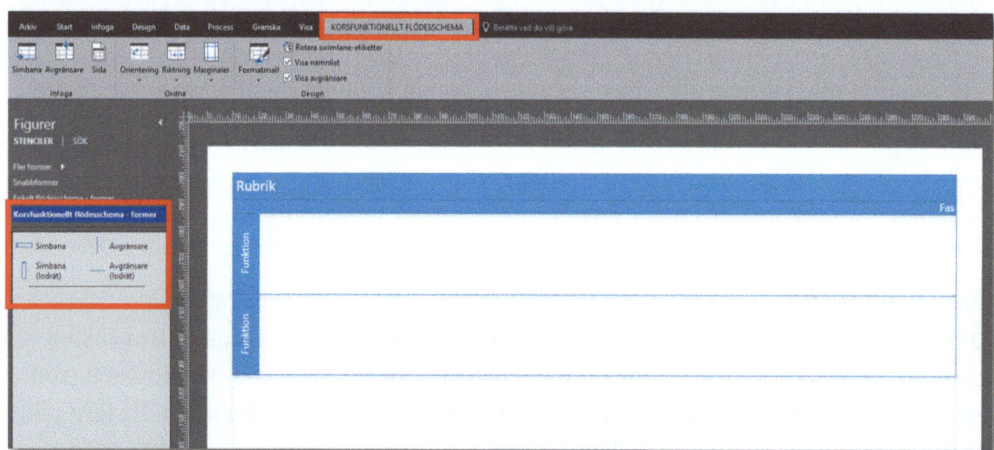

Sen är det bara att dubbelklicka på de olika rubrikerna för att ändra dem.

Lägg till simbana

Eller *Swimlane* som det heter i Visio 2010 även om du har svensk version. I mitt exempel har jag tre simbanor. Du lägger enkelt till simbanor genom att dra ut dem från stencilen och placera på önskad plats, eller genom att klicka på knappen *Simbana* på fliken *Korsfunktionellt flödesschema*.

Om du väljer knappen ska du tänka på att först markera den simbana som ska ligga *över* den nya.

Lägg till avgränsare

På samma sätt, alltså via stencilen eller fliken. Om du vill ändra bredden på dina kolumner så drar du bara tag i avgränsarna och flyttar dem. Dubbelklicka på rubrikerna för att ändra dem.

Infoga former

Växla till stencilen *Enkelt flödesschema-former* som ligger ovanför stencilen Korsfunktionellt flödesschema-former. Sen jobbar du på precis som vanligt enligt föregående avsnitt. I mitt exempel har jag bara ett fåtal former, självklart kan du ha hur många du vill och vart du vill. Om du hamnar utanför sidans bredd eller höjd så utökas sidstorleken. Och vice versa.

Om du vill ändra simbanornas orientering från vågrätt till lodrätt så klickar du på knappen Orientering:

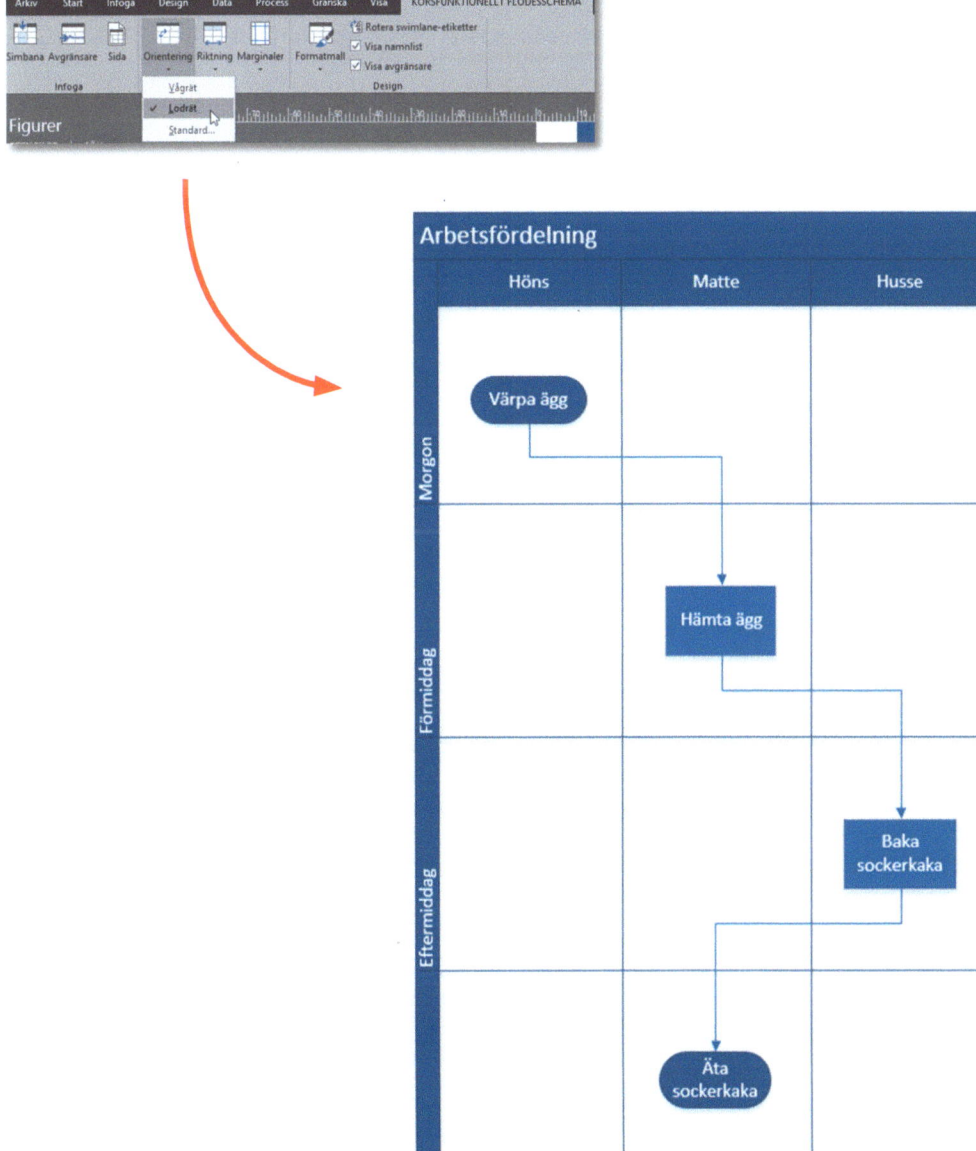

Organisationsscheman

Ett organisationsschema är en grafisk beskrivning av hur något är organiserat, det kan till exempel beskriva en hierarki på en arbetsplats. Schemat består av former och kopplingslinjer precis som i fallet med flödesscheman, men formerna relaterar såklart till ett organisationsschema istället för ett flödesschema.

I Visio kan man antingen utgå från mallen *Guiden organisationsscheman* eller *Organisationsschema*. Den förstnämnda förutsätter att du har ett underlag, t ex i Excel, som tydligt visar "närmsta högre chef" eller dito för alla/allt som ska vara med i schemat. I den här boken tar jag endast upp hur mallen *Organisationsschema* fungerar, där vi skapar våra former manuellt.

Nedan visas ett enkelt exempel på ett organisationsschema. Följ punkterna från nästa sida för att öva på detta.

Kuckeliku Inc.

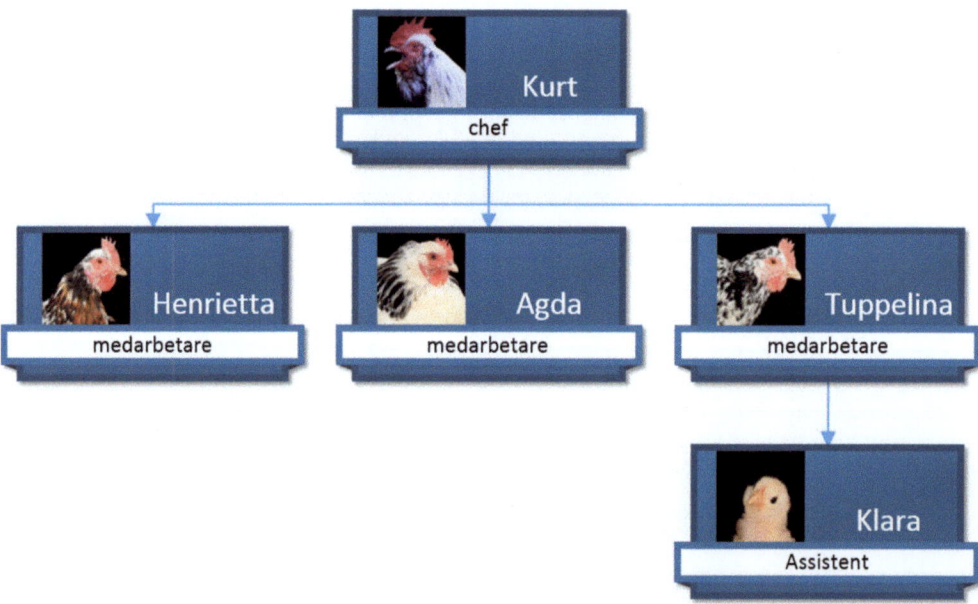

Formerna som jag har använt här är standardformer för organisationsscheman som dyker upp i stencilen när du utgår från mallen *Organisationsschema*.

Följ beskrivningen från nästa sida för att göra ett likadant.

Ny ritning

- Utgå från mallen *Organisationsschema* (*Arkiv - Nytt* om du redan är inne i programmet) som du hittar under kategorin *Affärer*. Dubbelklicka på mallen för att starta.

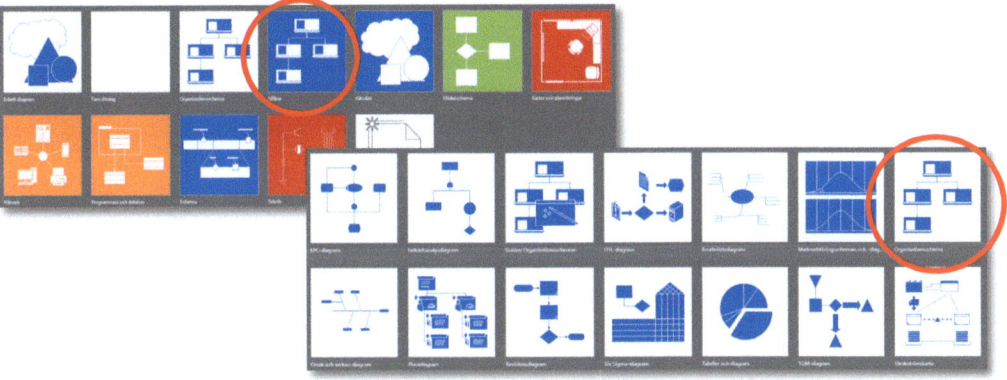

> **Obs!** Utseendet och antalet mallar ovan varierar beroende på vilken version du jobbar i och om du är ansluten till internet eller inte. Men gången är densamma.

Skapa former

- Dra in formen *Chef* till ritningen. Dra in formen *Tre positioner* och släpp den *ovanpå* formen Chef. Som du ser hamnar formerna lodrätt, nu ska vi ändra till vågrätt.

- Klicka utanför ditt organisationsschema så det avmarkeras. Klicka på *Layout* (fliken Organisationsschema), och välj den vågräta layouten längst till vänster.

  Nu bör det se ut så här:

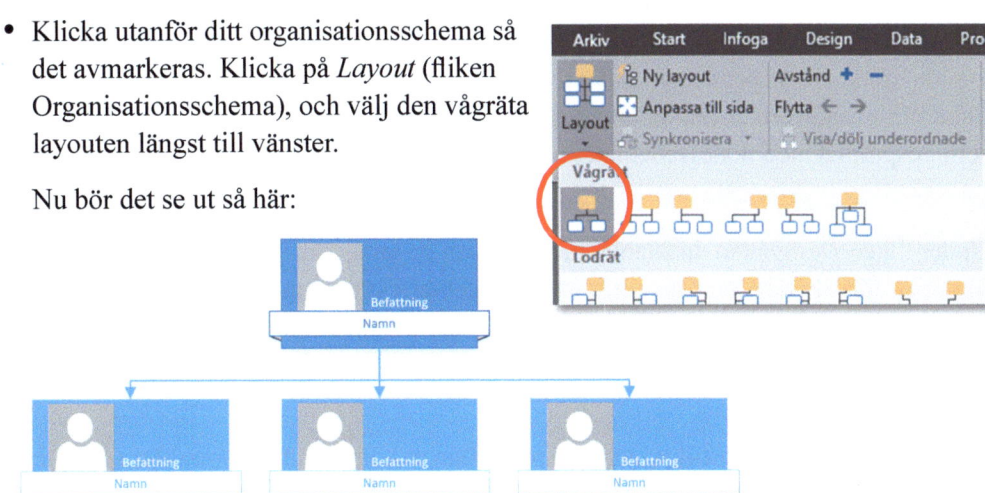

- Fortsätt med att släppa formen *Position* på formen längst till höger. Nu bör formerna ha placerat sig som i mitt exempel på förra sidan.

Ändra text

- Klicka på en form och skriv för att ändra texten "Befattning" i formerna. Enkelklicka *två* gånger på texten "Namn" för att ändra till något eget.

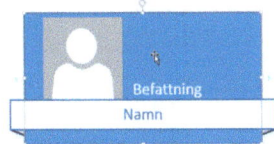 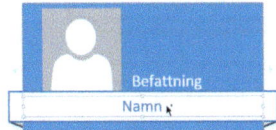

Att släppa en form på en annan och att nyttja funktionen layout, vilket jag nyss gått igenom, är som sagt *ett* sätt att skapa organisationsscheman i Visio. Det går även, vilket du säkert märkt, att använda *Koppla ihop automatiskt*, men jag tycker det är enklare att släppa formerna på varandra när det gäller organisationsscheman.

Infoga bilder i formerna

* Markera en form och klicka på *Infoga*-knappen på fliken Organisationsschema. Leta upp din bild och dubbelklicka på den. Klart.

Om du vill ändra, ta bort eller visa/dölja en bild i efterhand så hittar du även de alternativen i gruppen *Bild*. Vill du ändra på formernas utseende så finns många olika alternativ i gruppen *figurer*. Urvalet beror på vilken version du har.

Om du vill beskära din bild så markerar du bilden och klickar på *Beskärning* på fliken *Bildverktyg*.

Ändra färg och teckensnitt

Om du vill ändra utseendet på dina former, kopplingslinjer och teckensnitt så finns två olika sätt – antingen använder du ett färdigt tema eller så ändrar du manuellt. Precis som i exemplet med flödesschemat.

Använda tema

Under fliken *Design* kan du snabbt ändra mellan ett antal färdiga *Teman*. Ett tema består av förvald färg, teckensnitt samt eventuell effekt (skugga etc.). Vilka teman som finns beror på i vilken version du jobbar. Du behöver inte markera ditt organisationsschema innan du ändrar, temat slår igenom på hela sidan ändå. Nya former anammar aktuellt tema.

Via den lilla pilen längst till höger i gruppen Teman kommer du åt ännu fler varianter.

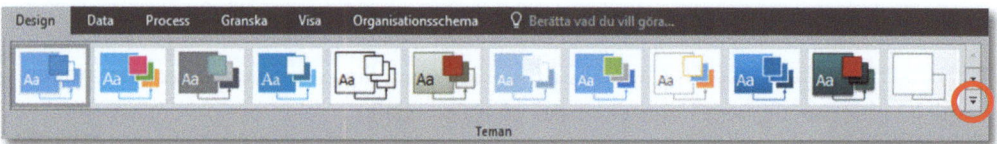

I Visio 2016 finns t ex "handritade" teman. Ganska kul tycker jag.

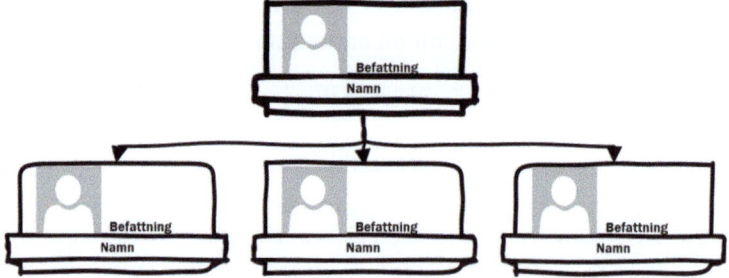

Ändra manuellt

Om du vill ändra till *specifik* färg eller
teckensnitt, t ex enligt företagets grafiska
profil, så måste du markera först.

I mitt exempel på sid. 16 så har jag
RGB-blandningen (rött, grönt, blått) 56, 99, 137 i mina former. På fliken *Start* kan du ändra till valfri färg via knappen *Fyllning*, eller välja
mellan färdiga *Figurformat*. Tänk på att manuella ändringar "överrider" teman, vilket innebär att eventuella egna ändringar vad gäller färg
och teckensnitt inte påverkas helt hundra om du ändrar tema efter att
du gjort "manuella" ändringar.

> **Tips!** Var *konsekvent* när du jobbar med utseendet. Undvik att blanda ihop och
> kombinera teman och "egna" ändringar. Antingen eller är ett hett tips!

exempel

Om jag t ex vill lägga till tre "underassistenter" till Klara genom att dra ut formen *Tre positioner* och placera den på Klara-formen, så får de formerna inte samma utseende
som befintliga former. Varför? Jo, för jag har ändrat de tidigare formerna manuellt.

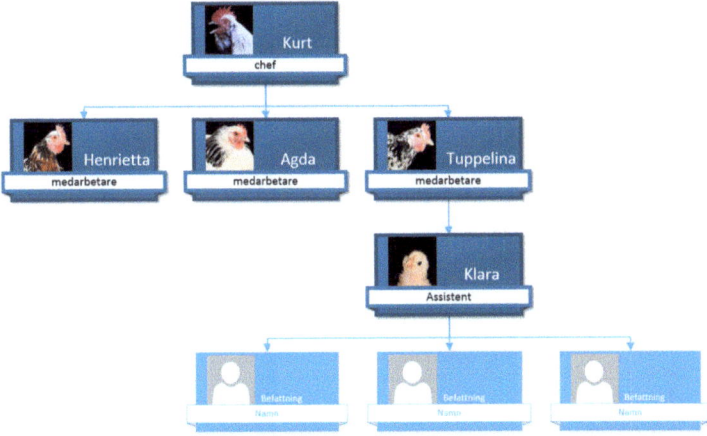

Om jag däremot utgått från ett tema i mitt organisationsschema så hade de nya formerna fått samma stil som den jag släppte de på:

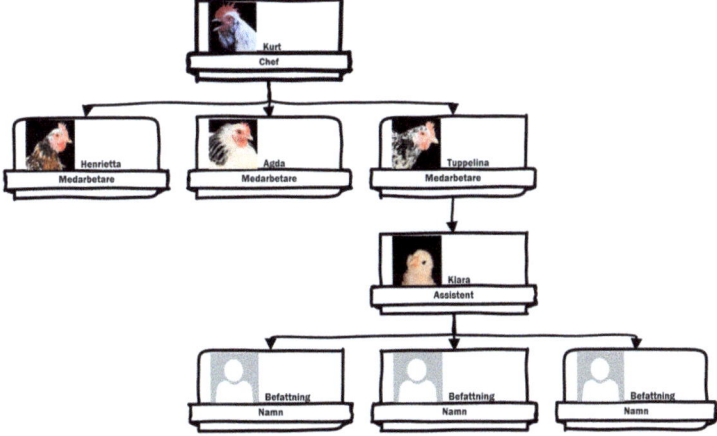

19

Tidslinjer

Med en tidslinje kan du enkelt beskriva ett förlopp eller göra en planering. Tidslinjer byggs upp enligt liknande princip som flödesscheman och organisationsscheman, d v s du drar in olika former, eller *planeringsformer* som de kallas i detta fall, från stencilen till ritningen.

Här visas ett enkelt exempel på en tidslinje. Följ punkterna med start nedanför exemplet för att öva på detta.

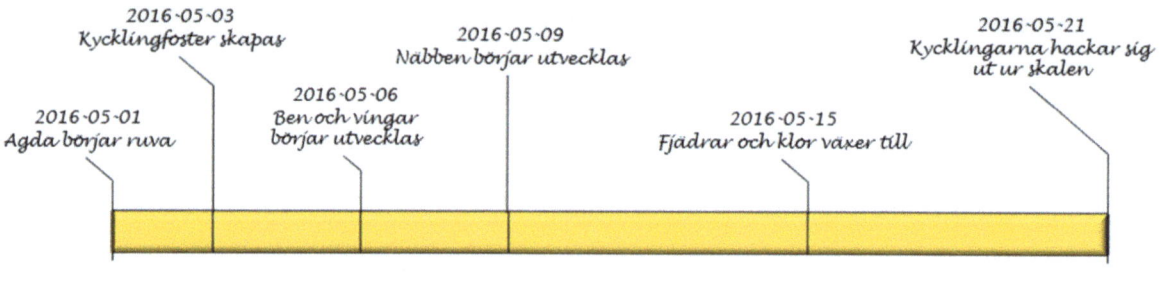

Ny ritning

- Utgå från mallen *Tidslinje* (*Arkiv - Nytt* om du redan är inne i programmet) som du hittar under kategorin *Schema*. Dubbelklicka på mallen för att starta.

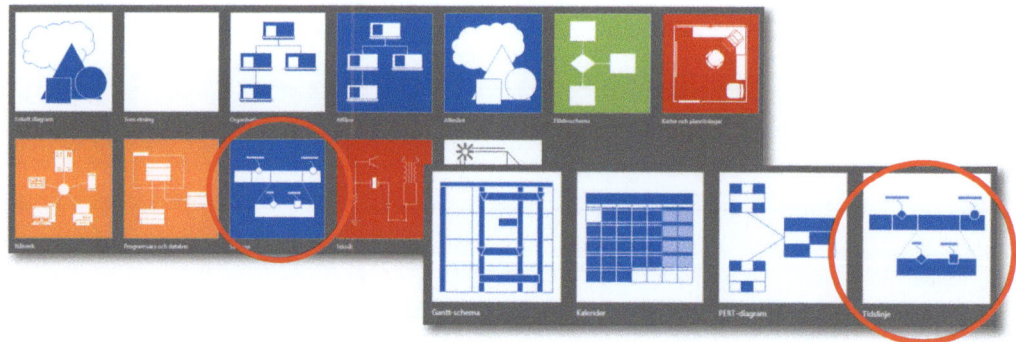

Skapa tidslinjen

- Dra in någon av formerna *Tidslinje* till ritningen. Det finns tre olika att välja på; block, cylindrisk och linje. Alla fungerar likadant, det är bara olika till utseendet. I exemplet har jag valt *Tidslinje - linje* .

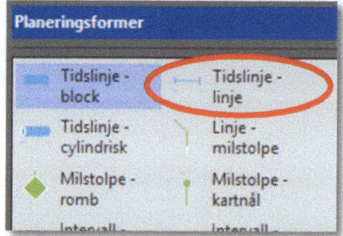

När du släpper formen tidslinje på ritningen dyker det upp en dialogruta där du anger vad din tidslinje ska visa.

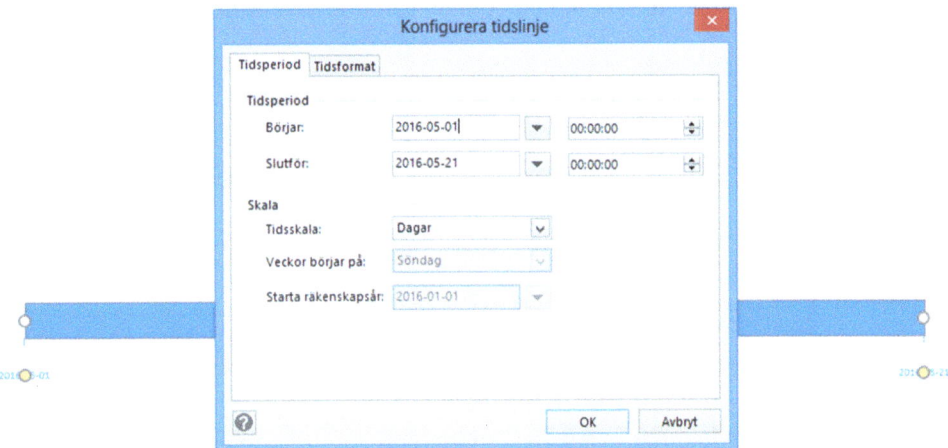

- Ange start och slutdatum (*Börjar* och *Slutför*) samt välj Tidsskala. I mitt exempel har jag valt 21 dagar eftersom det tar den tiden för ett ägg att bli en kyckling, samt satt tidsskalan till dagar, men du kan ju hitta på något annat om du inte är så intresserad av just en kyckling-tidslinje...

- Ändra inställningarna under fliken *Tidsformat* så det passar dina syften. I mitt fall har jag valt att avmarkera rutan *Visa mellantidsmarkeringar på tidslinjen* eftersom jag tycker att det grötar ihop sig lite väl mycket med alla datum.

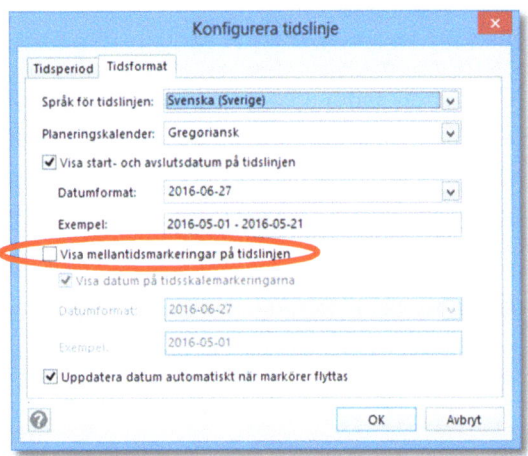

Om du *vill* ha mellantidsmarkeringar kan du dock ändra format på dem, det gör du via *Datumformat* under *Visa mellantidsmarkeringar på tidslinjen*. Observera att rutan då måste vara bockad.

Om du behöver ändra inställningarna för din tidslinje i efterhand så markerar du den och klickar på alternativet *Konfigurera* i gruppen *Tidslinje* på Tidslinje-fliken. Alternativet *Datum/tidsformat* ger dig möjlighet att exempelvis ändra datumformat för samtliga milstolpar.

Dra in milstolpar

Precis som i fallet med tidslinjer så kan du välja milstolpar efter tycke och smak, i mitt exempel har jag använt formen *Linje-milstolpe*. Alla milstolpar fungerar på samma sätt och har samma inställningsmöjligheter, det är bara utseendet som varierar.

- Dra in en milstolpe och placera den på tidslinjen. När du släpper milstolpen får du möjlighet att ställa in datum, beskrivning etc. I mitt exempel har jag dragit in sex stycken milstolpar och angivit aktuella datum samt beskrivningar.

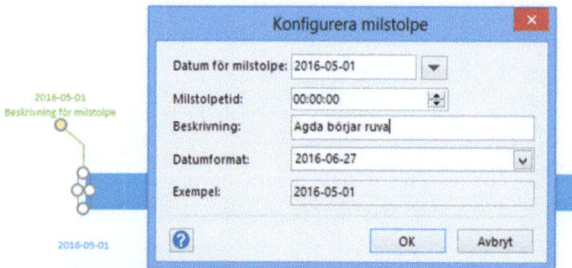

- För att flytta på beskrivningarna till de olika milstolparna om de hamnar ovanpå varandra, drar du tag i det gula handtaget som syns högst upp på en stolpe när du markerar den.

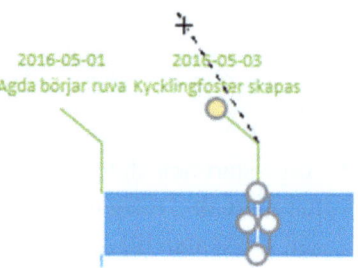

Om du behöver göra en radbrytning i en beskrivning så dubbelklickar du i den för att komma in i redigeringsläget.

Ändra färg och teckensnitt

Om du vill ändra utseendet på din tidslinje och/eller teckensnitt så finns två olika sätt – antingen använder du ett färdigt tema (Design-fliken) eller så ändrar du manuellt (Start-fliken). Hur du gör detta finns beskrivet på sidan 18 i avsnittet Organisations-scheman under rubriken *Ändra färg och teckensnitt.*

I mitt exempel valde jag, såklart, en kycklinggul färg till tidslinjen samt Lucida handwriting som teckensnitt. Detta gjorde jag manuellt eftersom gula teman inte finns i min version av Visio.

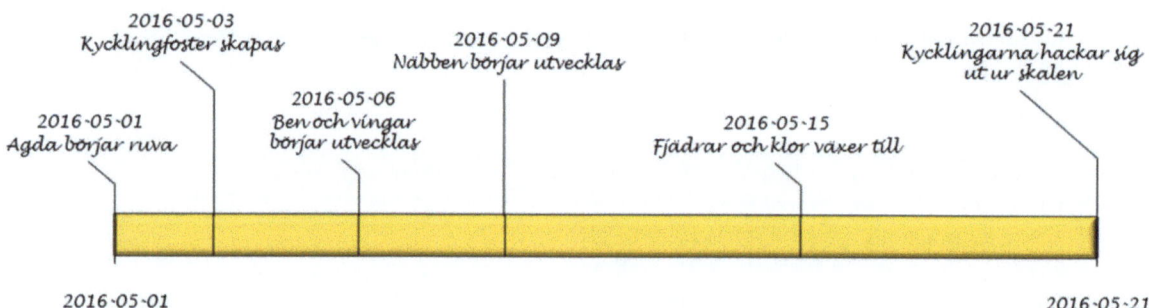

Jag har även använt en effekt, *fasning*, vilken också hittas på Start-fliken.

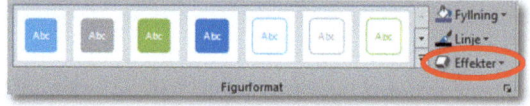

EXTRA EXTRA!

Så – nu kan du förhoppningsvis grunderna i hur en tidslinje blir till. Följande beskrivningar är till för dig som vill veta liiiiiite till...

Intervall

I mitt exempel har jag satt ut milstolpar de datum något inträffar. Om du istället vill åskådliggöra att något pågår under en *period* så kan du använda formen Intervall.

Placera formen på tidslinjen och ange datumintervall och beskrivning i dialogrutan som dyker upp.

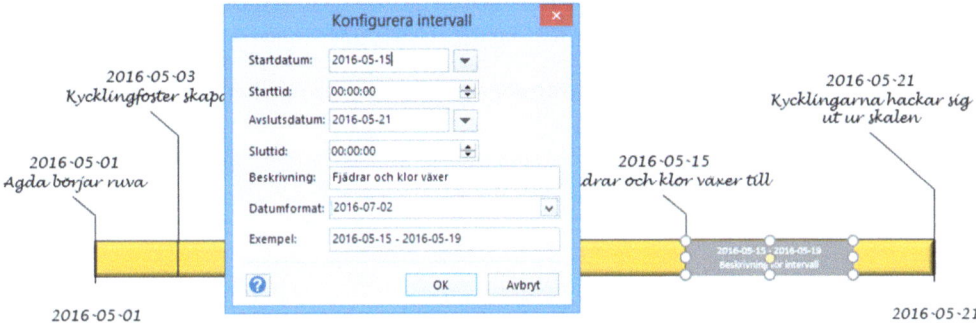

Precis som i fallet med formerna Tidslinje och Milstolpe, så finns formen Intervall i olika utföranden. Alla fungerar på samma sätt, endast utseendet varierar. *Intervall - block* har jag använt i mitt exempel ovan.

Om du behöver ändra inställningarna för ditt intervall så markerar du intervallet och klickar sedan på *Konfigurera* i gruppen Intervall på Tidslinje-fliken.

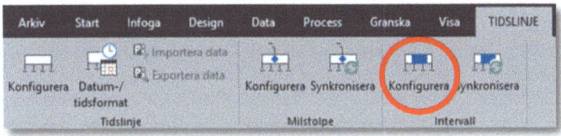

Utökad tidslinje

Om du har lagt till många milstolpar, intervaller eller mycket text på något ställe på din tidslinje, så kan det lätt bli lite otydligt.

Lösningen heter *Utökad tidslinje*. Formen Utökad tidslinje dras ut och släpps t ex under tidslinjen. Som vanligt dyker en dialogruta upp där du gör dina inställningar. Som vanligt kan du ändra färg o s v i efterhand. Du flyttar enkelt på din utökade tidslinje genom att dra tag i den.

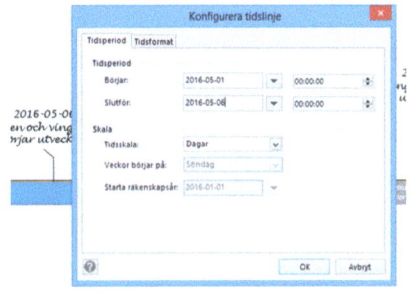

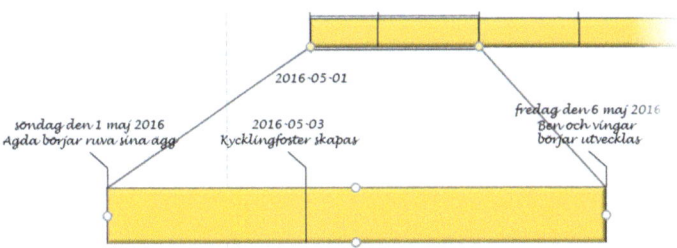

En utökad tidslinje är dynamisk och uppdateras automatiskt om du lägger till ytterligare händelser på den ordinarie tidslinjen.

Förfluten tid och Idagmarkör

Visar precis vad det låter som. Förfluten tid visas som en halvtransparent grön förlopps-indikator i tidslinjens nedre del och Idagmarkör befinner sig på aktuell dag. Båda formerna är alltså dynamiska och förflyttar sig i takt med tiden.

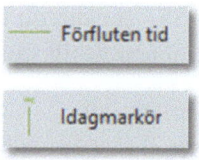

Som vanligt så drar du bara ut dem på tidslinjen om du vill använda dem.

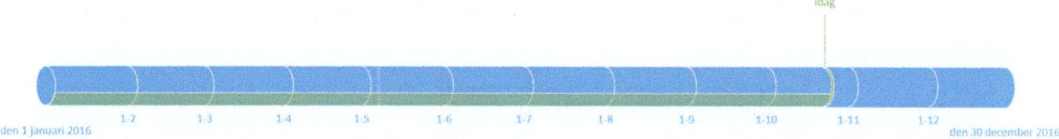

Och om du vill ändra på utseendet finns som sagt en massa färdiga teman att välja bland, exemplen nedan är från version 2016.

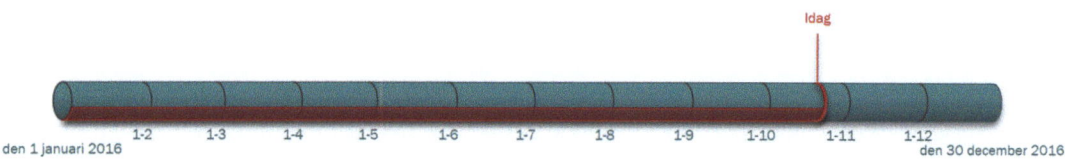

Tema: Jon

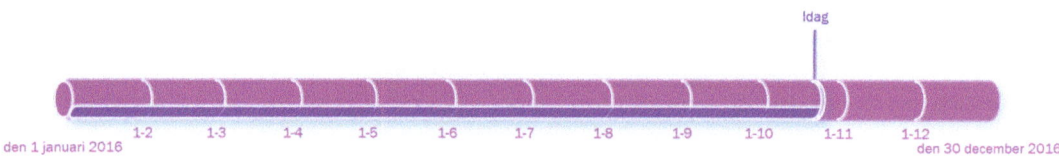

Tema: Bubbla

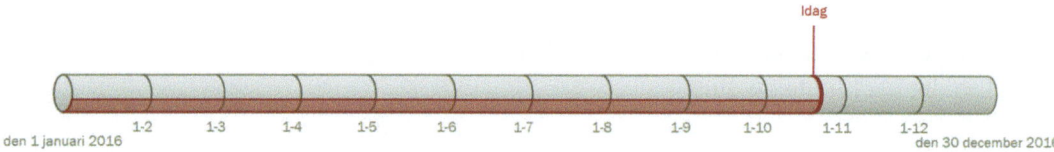

Tema: Susa

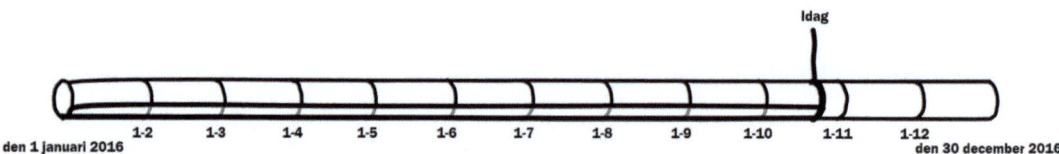

Tema: Märkpenna

Gantt-scheman

Ett Gantt-schema (efter Henry Gantt) är ett grafiskt sätt att beskriva ett projekt eller en planering precis som i fallet med en tidslinje, men i ett Gantt-schema kan du genom att koppla ihop uppgifter se till att de inte krockar med varandra. Om du av misstag lagt in två händelser som överlappar varandra, så justerar Visio det vid länkning.

Nedan visas ett enkelt exempel på ett Gantt-schema som jag gjort för att planera bygget av mitt nya hönshus. Det enda jag gjort är att fylla i uppgiftsnamn och varaktighet samt länkat ihop det hela, resten fixar Visio! Följ punkterna med start nedanför exemplet för att öva på detta.

Observera att jag har ändrat färg från ljusblått till lila för tryckbarhetens skull här, som standard blir ditt Gantt-schema ljusblått. Mer information om färger finns på sid. 11.

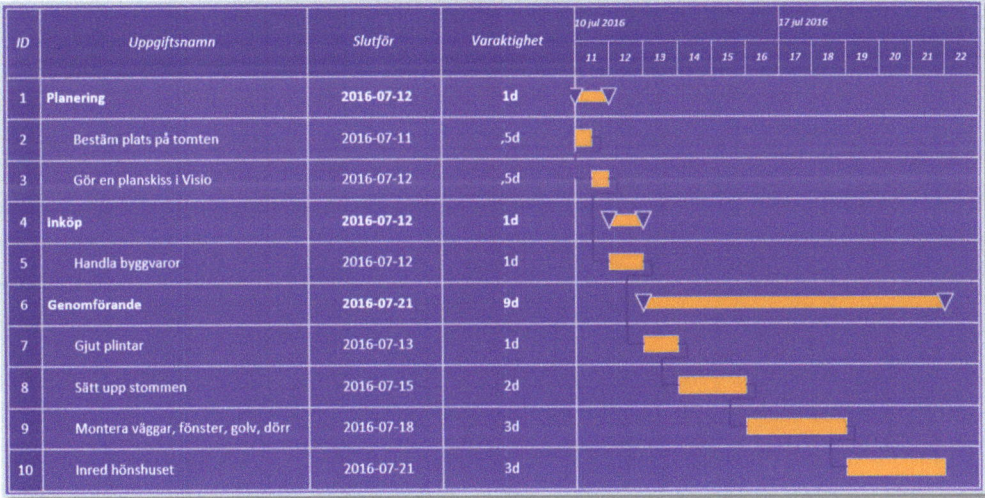

Ny ritning

* Utgå från mallen *Gantt-schema* (*Arkiv - Nytt* om du redan är inne i programmet) som du hittar under kategorin *Schema*. Dubbelklicka på mallen för att starta.

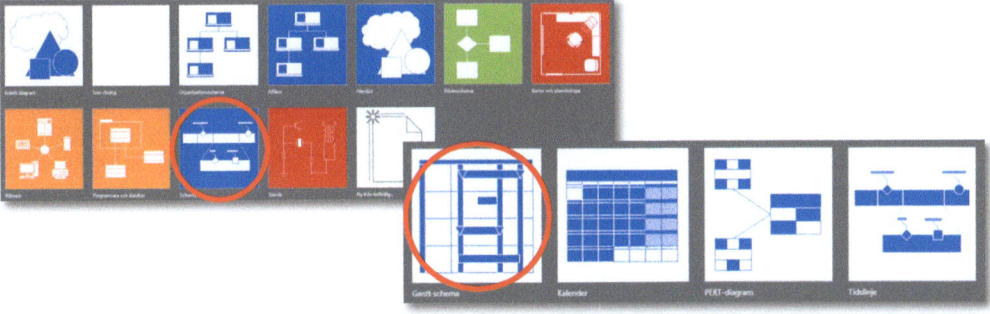

Liksom i tidigare exempel så varierar utseendet och antalet mallar ovan beroende på vilken version du jobbar i, och beroende på om du är ansluten till internet eller inte. Men gången är densamma.

Konfigurera ditt Gantt-schema

När du har dubbelklickat på valet Gantt-schema så dyker det direkt upp en dialogruta där du kan göra dina inställningar. Det du anger under *Varaktighet* påverkar formatet i *kolumnen* Varaktighet och det du anger under *Tidsenheter* påverkar hela schemats layout och storlek. Dagar och timmar (huvudenhet respektive delenhet) hade alltså gett oss ett väldigt mycket bredare schema än vad veckor och dagar (mitt exempel) ger.

- Ange inställningar enligt nedan (med undantag för start- och slutdatum) för att följa mitt exempel. Ange valfritt start- och slutdatum som ligger *framåt* i tiden, 11 dagar sammanlagt. Klicka på OK.

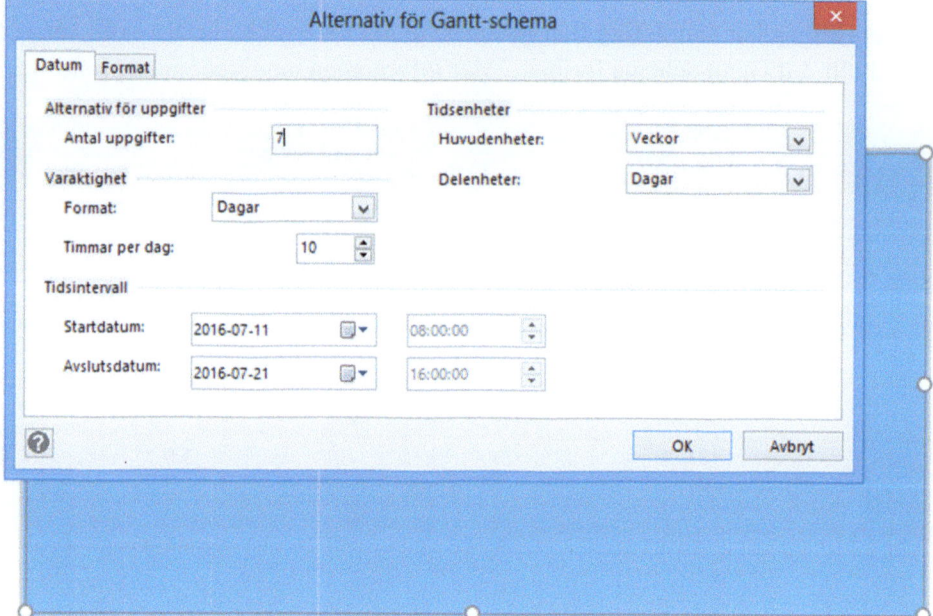

Uppgifter och varaktighet

- Fyll i kolumnerna Uppgiftsnamn och Varaktighet enligt nedan genom att klicka och skriva på respektive rad. Nu bör det se ut enligt nedan, bortsett från färgen vilken jag ändrat via fliken *Design*. Mer info om färger och teman hittar du t ex på sid 11.

Helgdagar blir som standard gråmarkerade. Det ska vi ändra på nu eftersom vi gillar att jobba även på lördag och söndag...

- Klicka på *Konfigurera arbetstid* på fliken *Gantt-schema* och markera även lördag och söndag under rubriken *Arbetsdagar* enligt bilden. Klicka på OK.

  Här kan man även passa på att konfigurera själva arbetstiden som du ser. Som du kanske noterade så gick ju själva klockslagen inte att ändra i den första dialogrutan som dyker upp då man startar byggandet av ett Gantt-schema, men härifrån går det om det skulle behövas.

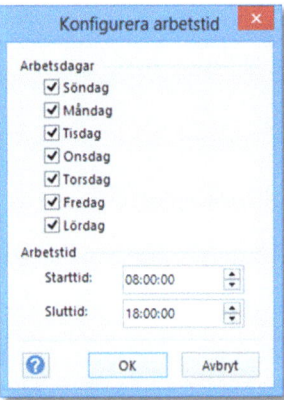

Lägg till uppgifter

De tydliga rubrikerna Planering, Inköp och Genomförande i mitt exempel är inlagda som vanliga uppgifter. Att de är lite extra tydliga beror på att dess underuppgifter har försetts med ett indrag. En ny uppgift hamnar ovanför en markerad uppgift.

- Markera (klicka på) uppgiften *Bestäm plats på tomten* och klicka sen på knappen *Nytt* på fliken Gantt-schema. Fyll i rubriken *Planering*. Fortsätt på samma sätt för att skapa rubrikerna *Inköp* och *Genomförande*.

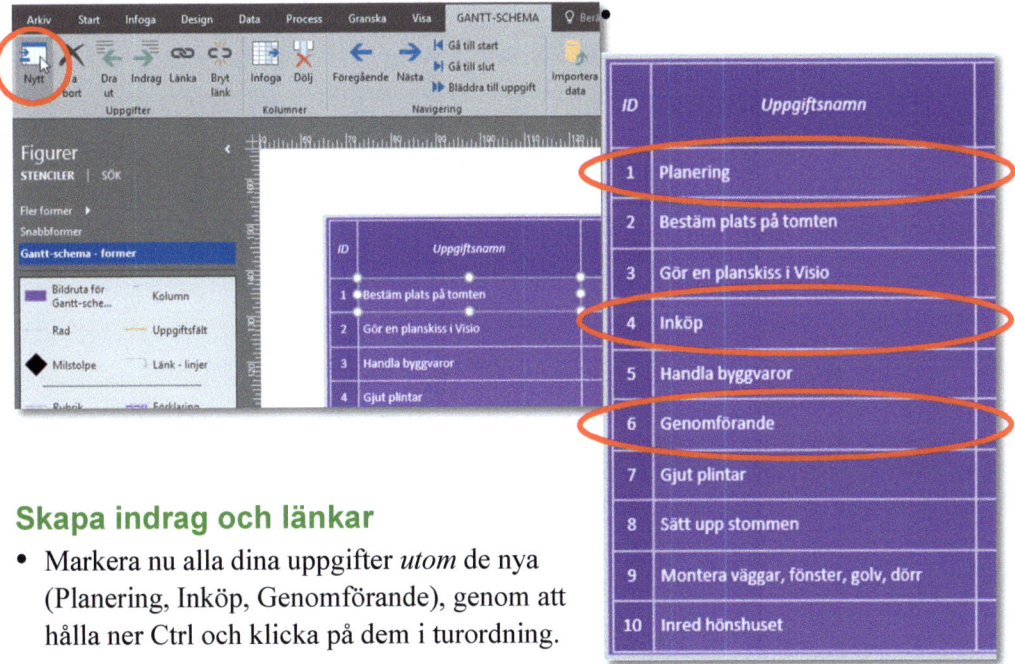

Skapa indrag och länkar

- Markera nu alla dina uppgifter *utom* de nya (Planering, Inköp, Genomförande), genom att hålla ner Ctrl och klicka på dem i turordning.

- Klicka på *Länka* och sedan på *Indrag* på fliken Gantt-schema.

Klart! Nu bör det se ut som i mitt exempel på sidan 29. I nästa avsnitt fokuserar vi på uppgiften att göra en planskiss i Visio. Självklart handlar exemplet om att bygga ett hönshus.

Planritningar

Visio innehåller ett antal mallar för planritningar. Med dessa kan du jobba i valfri skala med former som ytor, väggar, dörrar, fönster med flera. Det finns många olika sätt att jobba med planritningar på i Visio, som vanligt visar jag de sätt som jag själv föredrar.

I exemplet nedan har jag skissat på ett nytt hönshus, följ punkterna från nästa sida för att öva på detta. Observera att det är principen för hur du kan arbeta med former och måttsättning som jag går igenom, inte hur en professionell ritning bör se ut.

Nya hönshuset skala 1:25

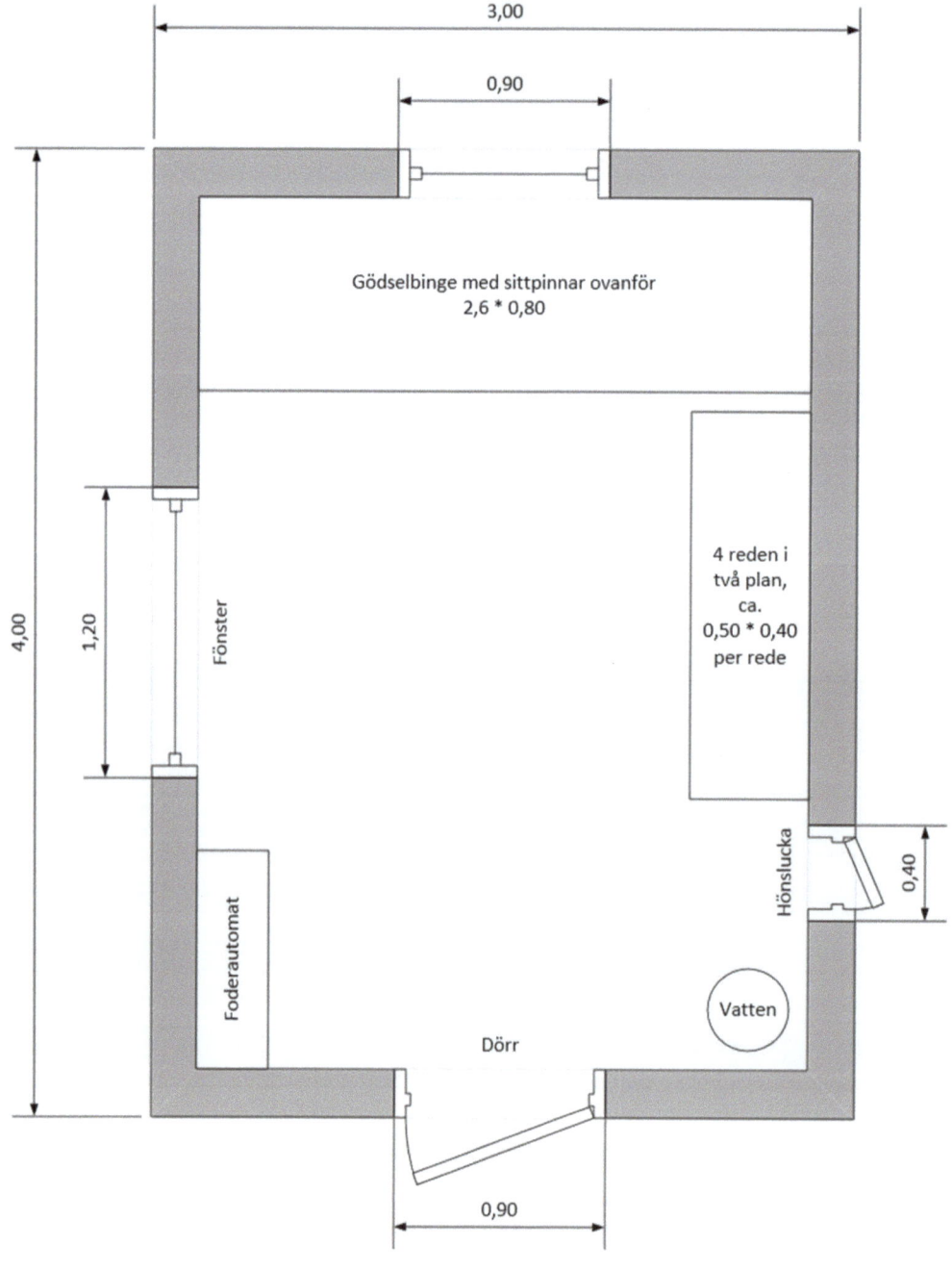

Ny ritning

- Utgå från mallen *Kontorslayout* (*Arkiv - Nytt* om du redan är inne i programmet) som du hittar under kategorin *Kartor och planritningar*. Dubbelklicka på mallen för att starta.

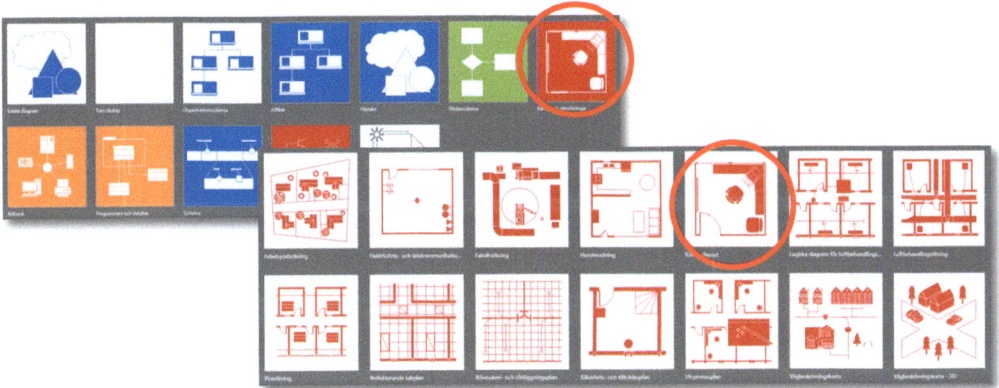

Anledningen till att jag väljer mallen Kontorslayout istället för t ex Planritning, är att mitt projekt inte är större än 12 m². Om jag utgår från mallen Planritning så får jag per automatik en ny ritning i format A1 (vilket är väldigt stort) samt en automatisk skala på 1:50 vilket är väl tilltaget för mitt lilla hönshusprojekt...

Om jag istället utgår från mallen Kontorslayout så får jag ett A4 som standard och skalan är 1:25 vilket passar bättre i mitt fall. Dessutom så innehåller den medföljande stencilen *Väggar, dörrar och fönster*, bara det nödvändigaste, vilket räcker utmärkt för mitt projekt.

Ställ in skala

- Högerklicka på fliken *Sida-1* i programfönstrets nedre vänstra del och klicka på *Utskriftsformat*.

- Klicka på fliken *Ritningsskala* i dialogrutan dyker upp och kontrollera att skalan är 1:25. Ändra annars, och klicka på OK.

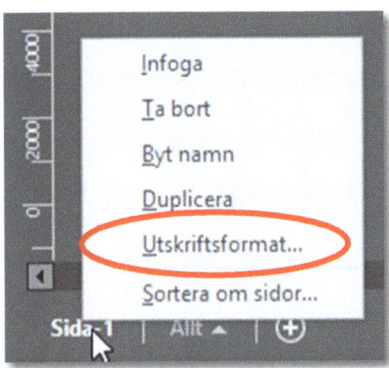
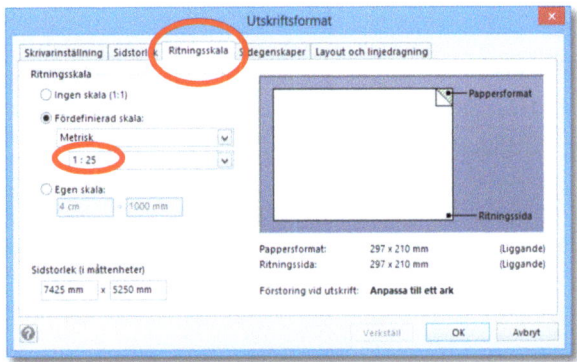

- Välj *Stående* orientering under fliken *Design* eftersom mitt ritnings-exempel platsar bättre då.

35

Utrymme

- Dra ut formen *Utrymme* till din ritning. Formen får automatiskt namnet Kontor och storleken 9 kvm, men det ska vi ändra på.

- Ta fram fönstret *Storlek och placering* via *Visa - Åtgärdsfönster - Storlek och läge*.

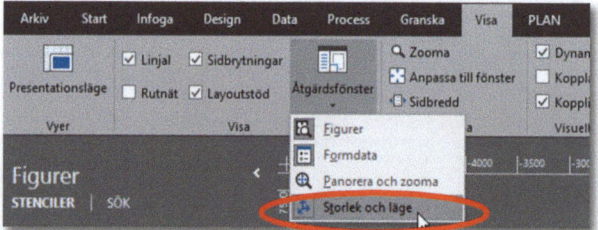

- Ändra höjd till 4 m så det ser ut enligt bilden nedan. Det går även att dra i formens handtag för att ändra storlek på utrymmet, men jag tycker det är enklare att ändra genom att fylla i värdena i fönstret Storlek och placering.

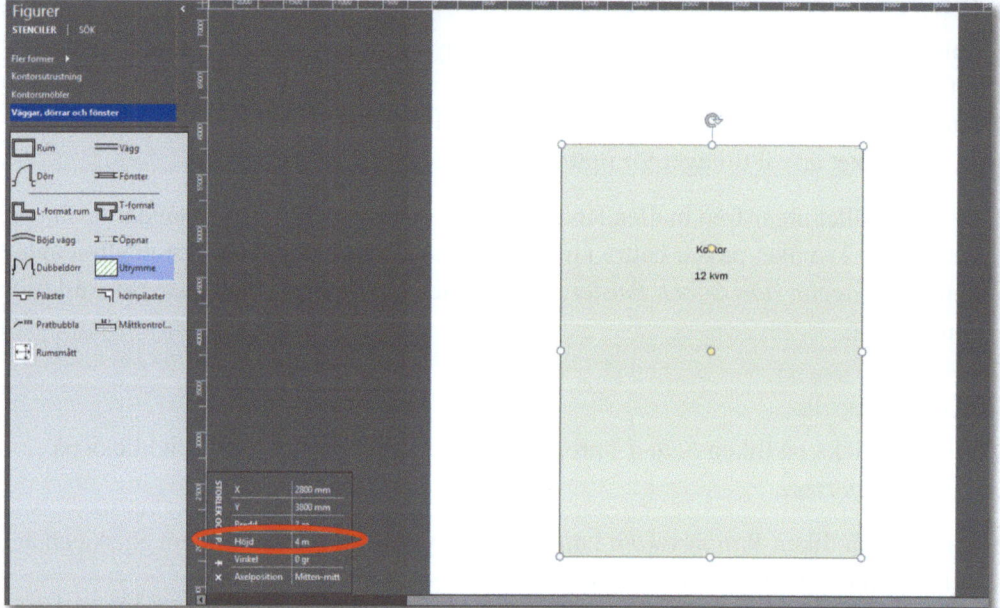

Väggar

- Högerklicka på utrymmet och välj *Omvandla till väggar*. Ange inställningar enligt nedan och klicka på OK.

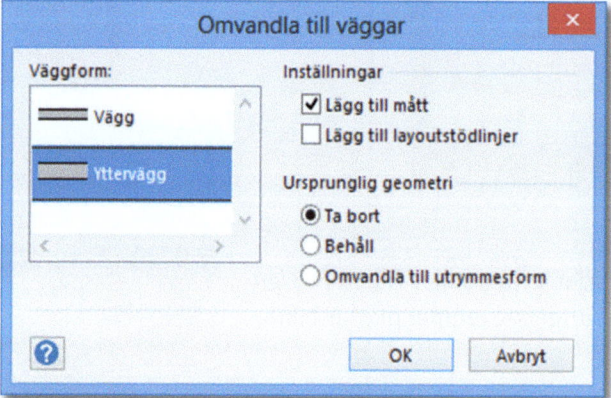

- Klicka på det nedre måttet (3000 mm) och Ctrl-klicka på det högra måttet (4000 mm). Tryck Delete. Det räcker ju att visa höjd respektive bredd *en* gång tänker jag.

Ange måttenhet

Personligen föredrar jag att tänka i meter framför millimeter när jag pysslar med lite större hobbyprojekt, därav mina måttangivelser i meter. En smädelse för arkitekter men jag är ju ingen arkitekt så jag kan göra lite hur jag vill. Om du vill ändra enhet:

- Högerklicka på (exempelvis) breddmåttet (3000 mm) och välj *Precision och enheter...* och ange inställningar enligt nedan.

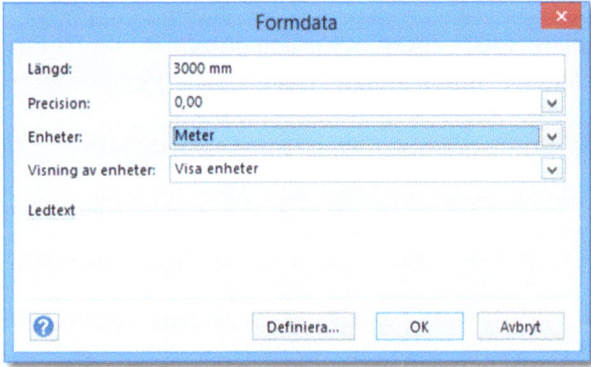

- För att få samma måttenhet på höjdmåttet, samt på alla nya former som du drar in i ritningen, så högerklickar du ännu en gång på breddmåttet (det du just ändrade måttenhet för) och väljer *Ange som standard på sidan*.

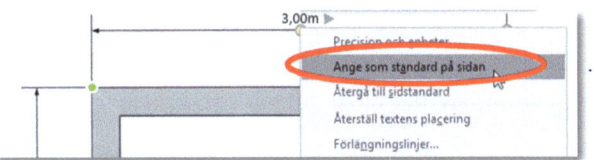

Så - nu kommer alla dörrar, fönster etc. som du drar in i ritningen att få måttenheten meter med två decimaler när du senare måttsätter dessa.

Dörrar och fönster

- Dra in formen *Dörr* i ritningen och släpp den på den främre kortsidans vägg enligt bilden.

- Ändra öppningen från inåt till utåt genom att högerklicka på dörren och välj *Omvänd in/ut-öppning* i snabbmenyn. Dörrens öppning i procent justerar vi senare.

- Fortsätt på samma sätt att dra in den andra dörren (hönsluckan) till den högra väggen och omvänd öppningen här också. Strunta i bredden tills vidare.

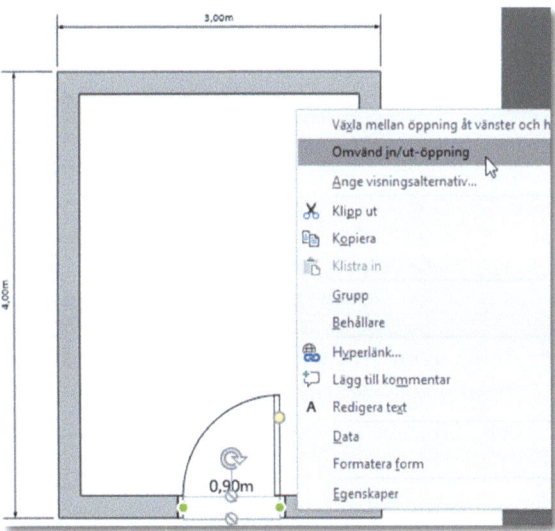

37

- Dra in formen *Fönster* till den vänstra väggen. Upprepa för den bakre väggen.

Som du märker så får dörrar och fönster per automatik bredden 0,90 m (eller 900 mm om du inte ändrat måttenhet). Det ska vi ändra på nu. Vi börjar med att centrera fönstren och dörren i förhållande till väggarna de sitter i, sedan ändrar vi bredd på fönstren och dörrarna samt justerar dörrens öppning i procent.

Justera objekt

- Markera *först* väggen på främre kortsidan och *sedan* dörren med Ctrl nedtryckt, välj *Justera - Centrera lodrätt* från fliken *Start*.

Eftersom du först markerade väggen och sedan dörren, innan du valde Justera - Centrera lodrätt, så anpassade sig alltså dörren till väggen istället för tvärt om. Hur formerna i din ritning justeras när du använder denna funktion beror alltså på i vilken ordning du har markerat dem. Markeringsordningen avgör högsta och lägsta prioritet.

- Fortsätt på samma sätt att justera fönstret på bakre kortsidan lodrätt, och sedan fönstret på vänstra sidan *vågrätt*. Hönsluckan kan du dra manuellt så den hamnar ungefär som i mitt exempel på sid. 34.

Funktionen är suveränt bra i en massa olika sammanhang och tillgänglig i ett flertal program oberoende av tillverkare, men tyvärr oupptäckt av många användare har jag märkt. Även funktionen *Placering* (till höger om Justera) är grymt användbar i en rad sammanhang istället för att själv sitta och "småpeta", men den funktionen har jag inte nyttjat i just det här exemplet.

Formdata

Via åtgärdsfönstret *Formdata* kan man enkelt ändra på många av formernas egenskaper, t ex bredd och dörröppningar. Formdata erbjuder vidare en uppsjö andra möjligheter för skapande av rapporter etc., men det går jag inte igenom i den här boken.

- Markera dörren på främre kortsidan och välj *Visa - Åtgärdsfönster - Formdata*. Ändra *Bredd på dörren* till 800 mm för att följa mitt exempel samt *Dörr öppnad i procent* till ca 10. Måttet 0,90 m i min skiss beror på att dörrkarmen är inräknad.

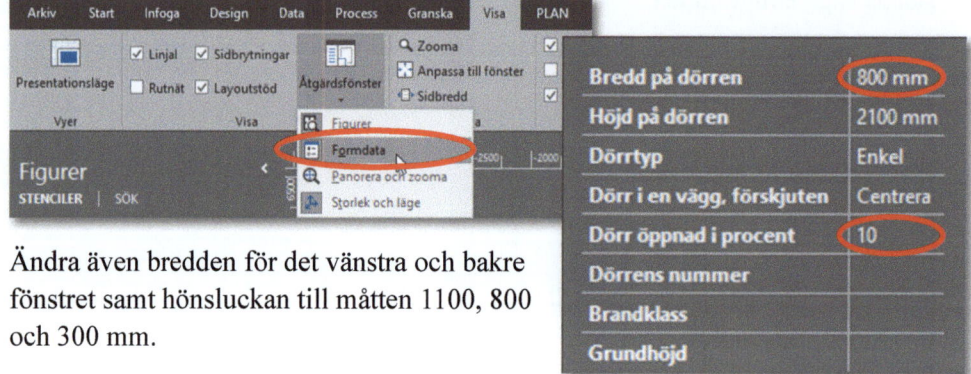

- Ändra även bredden för det vänstra och bakre fönstret samt hönsluckan till måtten 1100, 800 och 300 mm.

Lägg till mått

Som du märker så syns dörrens mått (0,80 m om du följt mitt exempel) endast när du markerar den. För att alltid se mått på dörrar och fönster, på skärmen samt vid utskrift, så behöver du lägga till *Måttkontroller*.

- Dra ut formen *Måttkontroller* [⊟ Måttkontrol...] från stencilen och placera den någonstans under dörren. För att placera måttet ut till dörrkarmen så drar du tag i *slutpunkterna* på måttet enligt bilden till höger. En i taget. Zooma in ordentligt för att se vad du gör!

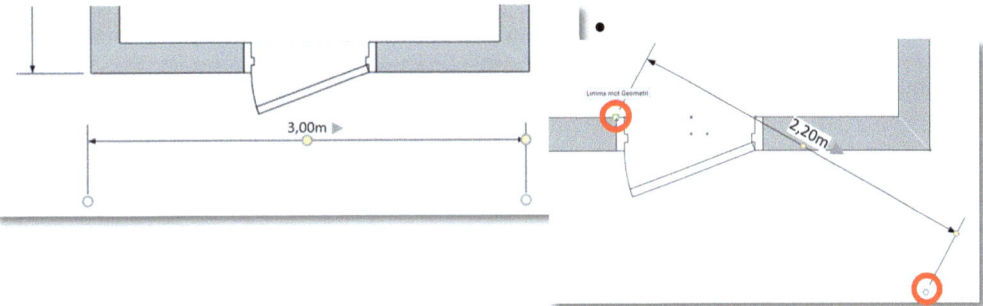

Observera att det är enklare att "pricka rätt" om du jobbar ORDENTLIGT inzoomat. Zooma in/ut genom att hålla ned Ctrl-tangenten och scrolla med mushjulet, alternativt använd zoom-funktionen längst ned till höger i programfönstret.

[🖥 — —————┼—— + 165 %]

Ett annat uppskattat alternativ är att använda fönstret *Panorera och zooma*, vilket du får fram genom att klicka på förstoringsglaset i programfönstrets nedre högra del. [74 % ▣ 🔍 ▦]

- Fortsätt att lägga till måttkontroller enligt ovan tills det ser ut som på bilden till höger.

- Lägg till texterna Dörr, Fönster och Hönslucka genom att klicka på respektive form och skriva enligt bilden nedan. Lätt som en plätt.

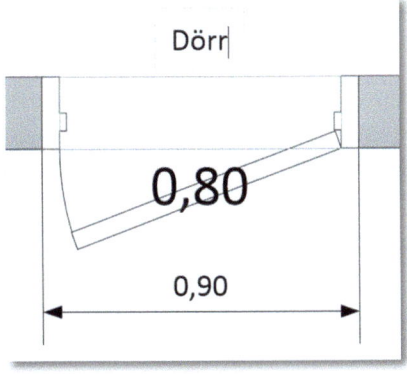

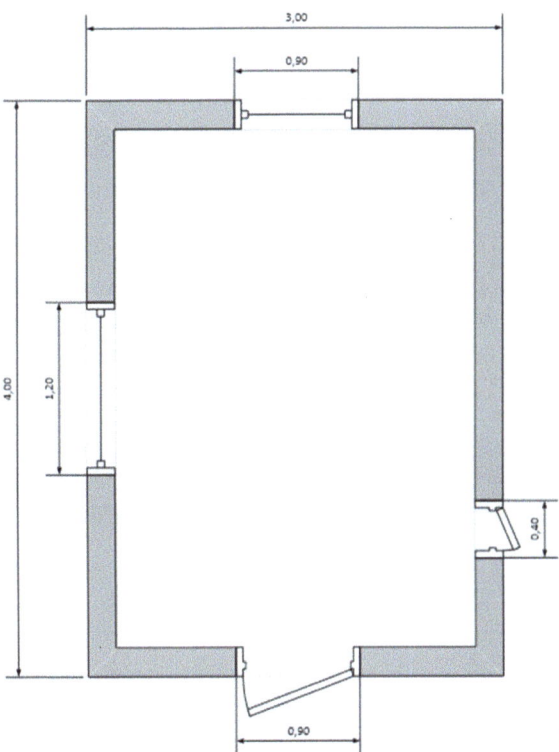

Inredning

Nu ska vi lägga till gödselbinge, reden, foderautomat och vattenautomat. Eftersom vi har utgått från mallen Kontorslayout så finner vi inte så mycket hönstillbehör i de stenciler som öppnats (Kontorsutrustning och Kontorsmöbler), och får därför rita upp egna enkla former för detta syfte.

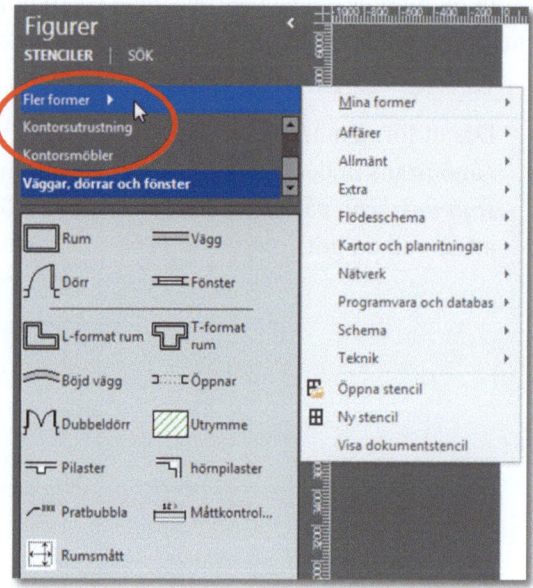

Om vår planritning däremot *hade* handlat om just kontor, heminredning eller diverse industri-relaterade utrymmen så hade vi haft grym nytta av de medföljande stencilerna, vilka som vanligt finns tillgängliga till vänster i programfönstret alternativt under *Fler former*.

Rita egna former

Du kommer åt en del enklare former genom att klicka på rektangeln i gruppen *Verktyg* på Start-fliken. Du klickar på den form du vill använda och *drar* upp den med vänster musknapp nedtryckt. För samma bredd och höjd hålls tangenten *Shift* nedtryckt.

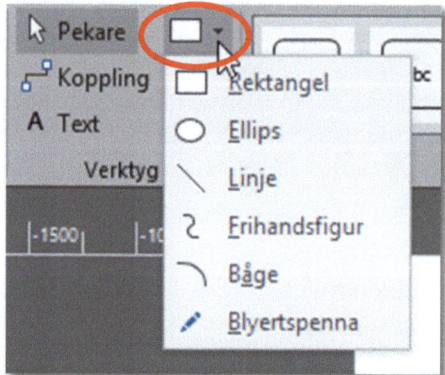

- Dra upp en rektangel för foderautomaten och skriv in text enligt nedan. Det är enklare att göra den liggande eftersom texten ska vara liggande, och sedan vrida.

- Växla till *Pekare* (vita pilen) när du skrivit klart, och rotera rektangeln genom att dra tag i rotationshandtaget. Dra in din "foderautomat" i ritningen.

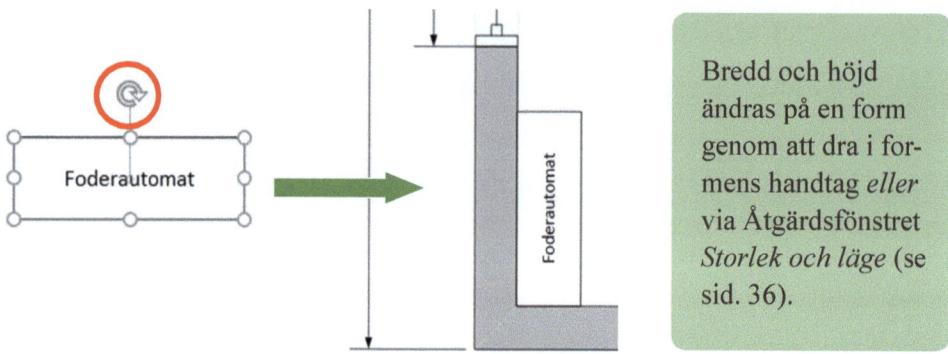

Bredd och höjd ändras på en form genom att dra i formens handtag *eller* via Åtgärdsfönstret *Storlek och läge* (se sid. 36).

- Fortsätt på samma sätt med gödselbingen och redena. Vattenautomaten gör du med formen *oval*. Håll ner Shift när du drar upp formen så blir det en cirkel. Klart!

> **Tips!** Om du vill ändra färg, stil och teckensnitt på din ritning med ett enkelt klick så kan du använda *Tema* på fliken *Design*. Vilka teman du kan välja mellan beror på vilken version av Visio som du jobbar i, exemplen nedan är från version 2016. Vidare info om färger och teman finns på sid. 11.

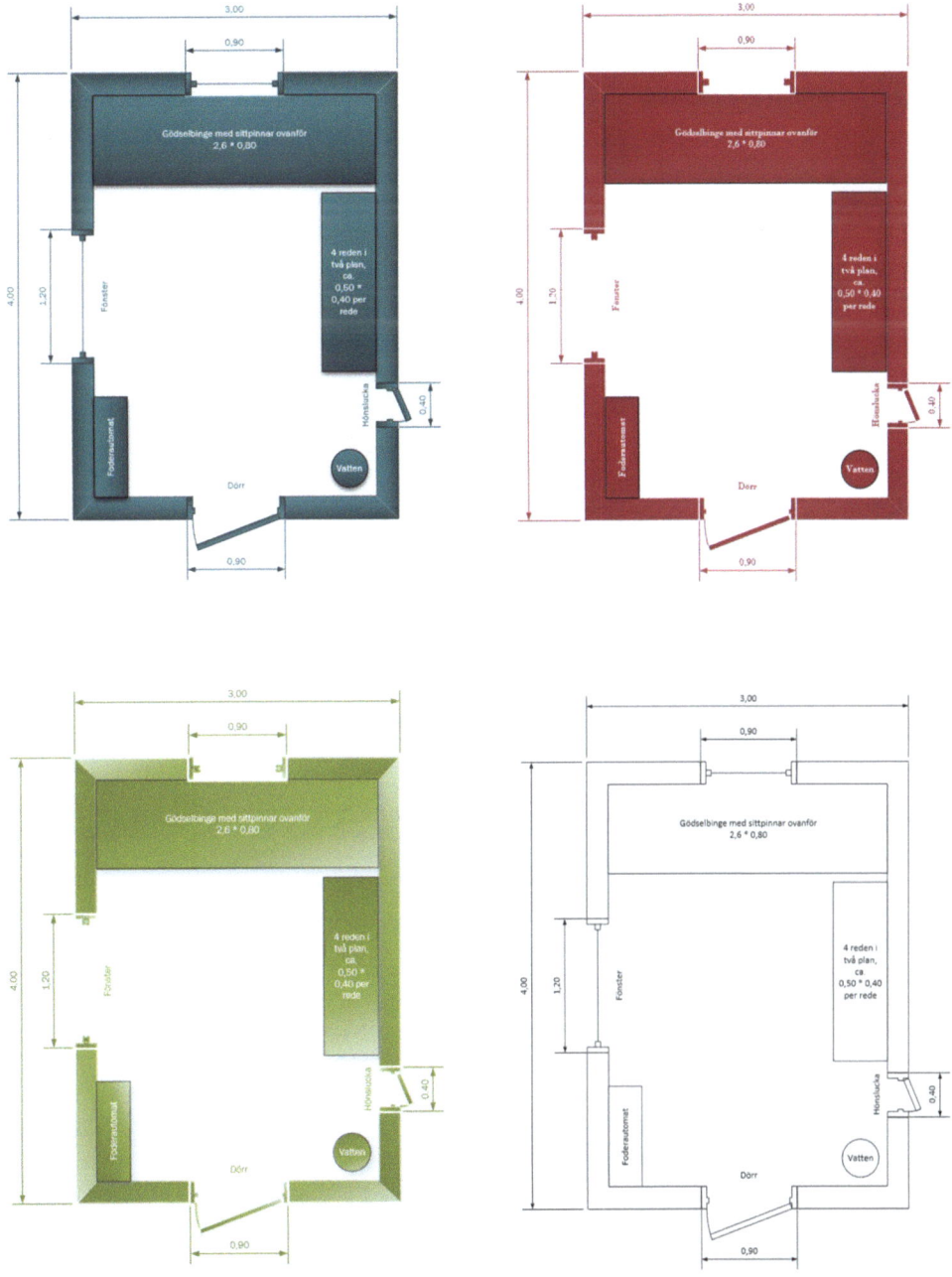

Presentera med Visio

Avslutningsvis ger jag några tips om hur du kan visa upp dina Visio-filer för andra, till exempel om du ska hålla ett föredrag eller om du behöver skicka en fil som vem som helst kan öppna. Följande information är inga direkta uppgifter, jag går bara igenom hur man gör.

Presentationsläget

Det finns ett alldeles eget presentationsläge i Visio, du *måste* alltså inte använda PowerPoint om du ska köra ett föredrag t ex via projektor.

- Du startar presentationsläget genom att klicka på knappen *Presentationsläge* i statusfältet. Sen är det bara att klicka sig fram till nästa sida, om det nu finns fler sidor att visa. Piltangenterna på tangentbordet fungerar också.

- Du avslutar presentationsläget genom att trycka på *Esc*.

Webbsida

Du kan enkelt spara din Visio-ritning som en webbsida. För publicering på nätet eller som ett alternativ till presentationsläget. Om du sparar en flersidig ritning som webbsida så får du praktiska länkar på köpet.

I exemplet nedan har jag tre olika sidor; Företaget, Budget och Arbetsfördelning.

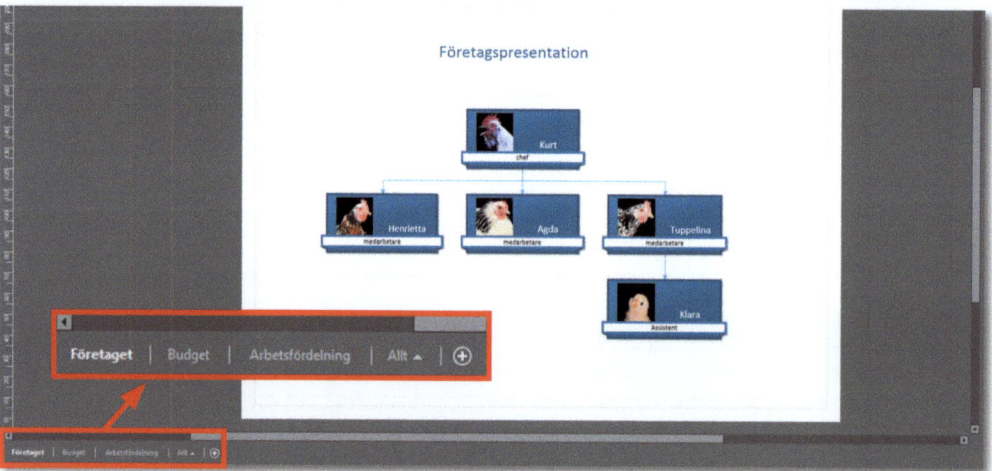

Efter att först ha sparat som en vanlig Visio-ritning (*Arkiv - Spara som - Visio-ritning (*.vsdx)*) väljer jag att spara som en Webbsida (*Arkiv - Spara som - Webbsida (*.htm;*.html)*). Jag anger ett passande namn och klickar på *Spara*.

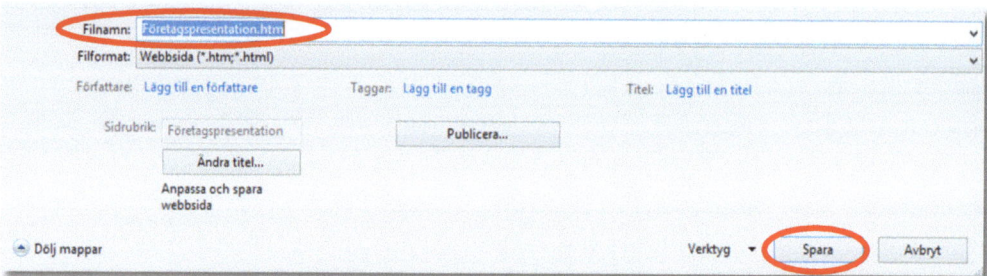

När jag öppnar min fil *Företagspresentation.htm* (som jag valde att namnge min fil) genom att dubbelklicka på den från utforskaren, så ser resultatet ut enligt nedan i webbläsaren. Inte helt galet snyggt kanske, men fort gick det, och länkarna kan ju vara praktiska som sagt.

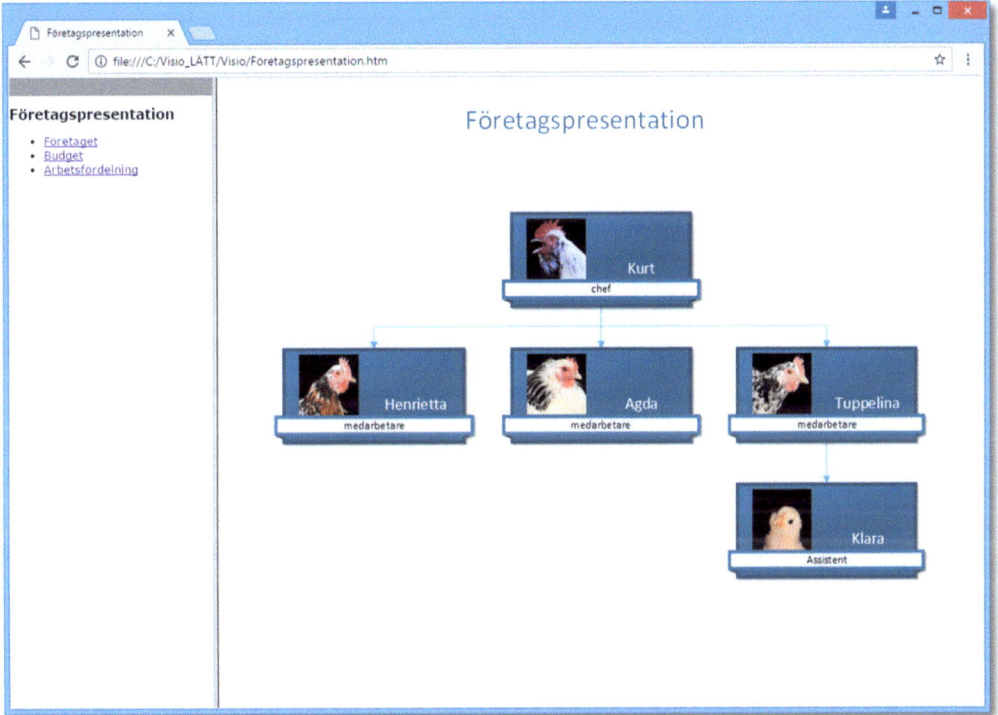

Filer att publicera

Om du vill publicera din webbsida på ett intranät eller på internet, så är det *en fil* och *en mapp* som ska publiceras. På samma ställe. Eftersom html-filen anropar eventuella bilder och annat som ligger i mappen. I mitt fall är det filen *Företagspresentation.htm* och mappen *Företagspresentation-filer*. Båda ligger i den mapp (eller på den enhet) där webbsidan sparades via Arkiv - Spara som.

Hur du skickar dina filer till en webbserver går jag inte igenom i den här boken, men nu vet du hur du skapar filerna i alla fall. Du vet nu vilken fil och vilken mapp som ska skickas till den som ansvarar för publicering på webben och/eller intranätet. Om det nu är någon annan än du själv.

PDF

Det plattforms-oberoende formatet PDF är ett perfekt alternativ om du behöver skicka din Visio-ritning till någon som *inte* har Visio eller som *inte* förväntas arbeta vidare med ritningen.

Även PDF:en fungerar perfekt för presentation, precis som Visios eget presentations-läge. Välj bara *Visa - Helskärmsläge* när PDF:en har öppnats i Acrobat Reader (vilket den vanligtvis gör av sig självt) så kan du navigera dig fram och tillbaks med hjälp av piltangenterna. Du stänger som vanligt ner helskärmsläget genom att trycka på Esc-tangenten.

Sakregister